MINISTÈRE DE LA GUERRE

DIRECTION DE L'AÉRONAUTIQUE

INSTRUCTION PROVISOIRE

SUR

LA PRATIQUE DU TIR AÉRIEN

DU 22 MAI 1925

PARIS

IMPRIMERIE NATIONALE

1925

INSTRUCTION PROVISOIRE

SUR

LA PRATIQUE DU TIR AÉRIEN

DU 22 MAI 1925

MINISTÈRE DE LA GUERRE

DIRECTION DE L'AÉRONAUTIQUE

INSTRUCTION PROVISOIRE

SUR

LA PRATIQUE DU TIR AÉRIEN

DU 22 MAI 1925

PARIS

IMPRIMERIE NATIONALE

1925

La présente Instruction abroge :

Le RÈGLEMENT PROVISOIRE du 1er février 1922 sur l'instruction du tir et du bombardement aériens dans les régiments d'aviation (1);

La Circulaire 2,211-4/12 du 8 avril 1924, non insérée au Bulletin officiel, fixant les dotations en notices techniques et en matériel d'instruction.

____

(1) En ce qui concerne le tir aérien.

TABLE DES MATIÈRES

PRINCIPES GÉNÉRAUX.

PREMIÈRE PARTIE.
MITRAILLEUSE DE CAPOT.

TITRE I.
INSTRUCTION TECHNIQUE DU TIREUR DE CAPOT.

CHAPITRE I.
INSTRUCTION PRÉPARATOIRE.

CHAPITRE II.

TIRS D'INSTRUCTION.

TITRE II.

INSTRUCTION DU TIREUR DE CAPOT POUR LE COMBAT.

CHAPITRE I.

INSTRUCTION PRÉPARATOIRE.

CHAPITRE II.

TIRS DE COMBAT.

DEUXIÈME PARTIE.

MITRAILLEUSE DE TOURELLE.

TITRE I.

INSTRUCTION TECHNIQUE DU TIREUR DE TOURELLE.

CHAPITRE I.

INSTRUCTION PRÉPARATOIRE.

CHAPITRE II.

TIRS D'INSTRUCTION.

TITRE II.
INSTRUCTION DU TIREUR DE TOURELLE POUR LE COMBAT.

CHAPITRE I.
INSTRUCTION PRÉPARATOIRE.

CHAPITRE II.
TIRS DE COMBAT.

ANNEXES.

ANNEXE I.

ANNEXE II.

ANNEXE III.

ANNEXE IV.

ANNEXE V.

ANNEXE VI.

ANNEXE VII.

ANNEXE VIII.

ANNEXE IX.

ANNEXE X.

ANNEXE XI.

CONSIDÉRATIONS GÉNÉRALES.

OBJET DE L'INSTRUCTION.

I

Le présent document a pour *objet*, en attendant l'apparition des règlements, de servir de *Guide pour l'instruction du tir aérien dans les formations d'Aviation.*

Il sera suivi prochainement d'un document analogue concernant l'instruction du bombardement aérien.

Toutefois, l'annexe relative au fonctionnement du Service du tir et de l'armement dans les Régiments d'Aviation, annexe commune à l'instruction du tir aérien et à celle du bombardement aérien, a été insérée intégralement dans la présente Instruction. Elle sera à nouveau reproduite en entier dans l'Instruction provisoire sur la pratique du bombardement aérien, de manière à permettre aux officiers instructeurs et aux sous-officiers moniteurs de trouver dans l'un quelconque des deux documents, les renseignements complets dont ils peuvent avoir besoin dans l'exercice de leurs fonctions spéciales.

II

Le Règlement provisoire du 1ᵉʳ janvier 1922 sur l'instruction du tir et du bombardement aériens dans les régiments d'aviation donnait avec précision le programme détaillé des matières à enseigner. Par contre, il se contentait d'indiquer les grandes lignes des progressions à suivre, laissant aux Chefs de corps toute latitude pour les mettre en harmonie avec leurs possibilités particulières d'exécution : nombre des instructeurs, importance du matériel d'instruction, disposition de champs de tir. L'expérience de ces trois dernières années, la mise en service de mitrailleuses photographiques en nombre important, la création de champs de tir nouveaux permettent de poser d'une façon déjà précise les principes de base de l'instruction et de rendre uniformes les méthodes et procédés d'instruction.

La présente Instruction fixe les méthodes et procédés

d'instruction qu'il y aura lieu de suivre obligatoirement, dans la progression de l'instruction et dans l'exécution des exercices et des tirs. Elle détermine la nature et le nombre des divers tirs d'instruction à effectuer, les objectifs à employer pour chacun d'eux et définit la manière de noter les résultats.

Une réglementation aussi rigoureuse et détaillée est justifiée par l'habileté et par les connaissances qu'il importe d'exiger des pilotes, observateurs et mitrailleurs pour obtenir le maximum d'efficacité dans le tir aérien. Cette habileté, étant donné la complexité particulière du tir effectué d'un avion sur un autre avion, ne peut être acquise qu'au cours d'une instruction minutieusement et patiemment donnée, logiquement et constamment poursuivie.

Il est bien certain que plusieurs méthodes d'instruction peuvent être considérées comme également bonnes et la présente Instruction ne prétend pas avoir défini la meilleure. Néanmoins la méthode exposée ci-dessous comporte la consécration de l'expérience acquise pendant ces trois dernières années, au cours de la mise en pratique du règlement provisoire du 1er février 1922. Elle marque un progrès sur ce règlement. Elle est un acheminement vers une nouvelle amélioration, d'autant plus rapide que la généralisation et l'obligation de la méthode permettront de canaliser les efforts de tous forcément dispersés jusqu'à présent.

III

Dans les principes généraux, l'attention des instructeurs est appelée sur la nécessité de faire précéder l'instruction du tir aérien par celle du tir à l'arme d'épaule. Il importe, en effet, que pilotes et mitrailleurs soient formés à la prise correcte de la ligne de mire d'un fusil ou d'un mousqueton avant d'être entraînés à l'emploi plus délicat des appareils de visée spéciaux au tir aérien. En outre, le combattant de l'air peut être appelé à devenir, à certaines heures de la bataille, un combattant à terre ; il est indispensable qu'il soit apte à remplir ce rôle éventuel.

L'exposé du problème du tir aérien a été présenté d'une façon aussi simple et élémentaire que possible, de manière à pouvoir être aisément compris par tous. Cet exposé, au cours duquel toutes considérations mathématiques ont été évitées, demeure exact dans les limites actuelles de l'emploi du tir aérien aux petites distances.

La première partie de l'Instruction provisoire sur la pratique du tir aérien est relative à la formation du tireur de capot ; la seconde est spéciale au tireur de tourelle. Dans chacune de ces deux parties, une importance toute particulière a été accordée à la formation technique du tireur aérien, base de l'instruction pour le combat.

L'étude du matériel d'armement n'a pas été abordée, celle-ci devant faire l'objet de documents spéciaux. Toutefois, l'Instruction insiste sur la nécessité d'habituer les tireurs à vérifier eux-mêmes leurs armes, appareils de visée et munitions ; elle impose même cette vérification pour l'exécution des tirs obligatoirement effectués, cette manière de faire étant indispensable pour que le tireur aérien soit placé, au combat, dans les meilleures conditions de succès.

Le tir au ball-trapp n'a pas été prévu pour l'instruction du tireur de capot ; la vitesse angulaire et le mode de déplacement de l'objectif spécial à ce tir sont, en effet, trop différents de la réalité pour que les pilotes tirent de cet exercice un enseignement profitable. Il a été maintenu, au contraire, pour le tireur de tourelle, car celui-ci est amené, pour suivre le pigeon, à manœuvrer sa tourelle avec rapidité et dans tous les sens (1).

Un nouveau procédé d'instruction a été rendu réglementaire : le tir sur avion-maquette grandeur réduite ; perfectionnement du procédé utilisé jusqu'à présent : tir sur avions-cibles.

Dans ce genre d'exercices, le tireur (de capot ou de tourelle) dispose d'une mitrailleuse (de capot ou de tourelle) avec laquelle il exécute des exercices de pointage sur un avion-maquette grandeur réduite, supposé mobile. Le tir est rendu effectif, grâce à l'adjonction d'une arme auxiliaire (carabine ou pistolet automatique) tandis que la mitrailleuse tire à blanc. Ce dispositif permettra aux formations dépourvues de champs de tir pour tirs réels d'installer sur leur terrain d'atterrissage un stand rudimentaire pour tir réduit autorisant un entraînement quotidien des pilotes et mitrailleurs (2).

Le matériel nécessaire à l'exécution de ces tirs réduits sur avion-maquette grandeur réduite est mentionné à l'annexe III

L'annexe IV en donne la description.

Il est possible que certaines formations disposent de stands permettant les tirs réels ; la présente Instruction a envisagé

(1) Aux termes de la circulaire 7375-4.0/12 du 13 décembre 1924 (B. O. page 3643), les officiers pilotes doivent posséder ou entretenir les connaissances exigibles de l'observateur en avion. A ce titre, ils doivent effectuer des tirs à la mitrailleuse de tourelle et en particulier des tirs au fusil de chasse modifié sur tourelle. Pour permettre aux officiers pilotes de chasse de se conformer aux prescriptions de la circulaire 7375 précitée, une dotation spéciale en *fusil de chasse modifié sur tourelle* a été prévue pour les régiments de chasse.

(2) En attendant la sortie du matériel dont la fabrication est, par suite de la mise en vigueur du procédé d'instruction ci-dessus, rendue nécessaire, les formations continueront à utiliser les avions-cibles.

cette éventualité en prévoyant que les tirs sur avions-maquettes grandeur réduite pourraient être effectués avec des cartouches réelles.

Il a été réservé une très large place à la mitrailleuse photographique.

Ce matériel d'instruction a largement fait ses preuves ; il présente de très gros avantages pour la formation et l'entraînement des tireurs. Le tir aérien avec mitrailleuse photographique oblige, en effet, le tireur à effectuer réellement une correction-but ; il permet de plus à l'instructeur, grâce au contrôleur de films qui indique mécaniquement la distance exacte à laquelle le tir a été effectué, de vérifier si chacun des divers facteurs du tir aérien (distance de combat, vitesse de l'objectif) a été exactement évalué par le tireur et si la visée a été correctement faite.

De plus, combiné avec l'exécution de tirs à blanc, l'emploi du tir photographique rend pratique le contrôle de la valeur de l'instruction acquise et permet l'étude de situations de combat que n'autorise pas le tir réel sur manche remorquée.

Il importe que tous les tirs prévus aux tableaux n° III (tireur de capot) et n° IV (tireur de tourelle) soient réellement effectués de manière à maintenir l'unité de méthode d'instruction. Il est évidemment préférable, et c'est le but à atteindre, que ces tirs soient exécutés à l'arme de guerre ; toutefois, il a été prescrit que les régiments *ne disposant pas encore de champ de tir aérien* effectueraient leurs tirs d'instruction en utilisant les mitrailleuses photographiques.

Une allocation supplémentaire de bobines de pellicules a été prévue à l'annexe III (dotation en matériel d'instruction) pour les formations effectuant avec mitrailleuses photographiques les tirs d'instruction des tableaux III et IV susvisés.

L'instruction du tireur aérien pour le combat a été prévue en étroite harmonie avec le projet de règlement de manœuvre de l'aéronautique, 2ᵉ partie, «l'Aéronautique au combat» La présente Instruction ne donne, d'ailleurs, aucune indication, tant sur les manœuvres d'approche que sur les procédés d'attaque ou de défense, toutes précisions qu'il appartient au règlement de manœuvre de fixer.

Les tirs de combat qui doivent toujours être effectués dans le cadre d'opérations tactiques définies et préalablement étudiées, ne peuvent, en conséquence, donner lieu à l'établissement d'un tableau des tirs devant être obligatoirement exécutés. Il appartient aux chefs de corps d'établir eux-mêmes le programme des tirs de combat de leur formation. Quelques exemples ont été donnés pour montrer l'intérêt de ces exercices et le profit qu'il est possible d'en attendre pour l'instruction.

Enfin la présente instruction fixe les conditions dans lesquelles l'instruction du tir aérien doit être donnée au personnel navigant de complément. Il importe, en effet, que les période, d'appel des pilotes et mitrailleurs de complément soient utilisées au maximum pour leur préparation à la guerre. Cette préparation doit nécessairement et obligatoirement comprendre l'exécution de tirs réels ou photographiques

INSTRUCTION PROVISOIRE

SUR

LA PRATIQUE DU TIR AÉRIEN

DU 22 MAI 1925.

LIVRE PREMIER.

TIR AÉRIEN.

PRINCIPES GÉNÉRAUX.

CHAPITRE PREMIER.

ARMES EMPLOYÉES. — CARACTÉRISTIQUES GÉNÉRALES.

1. Le tir aérien est le tir effectué d'un avion en vol sur objectifs aériens ou terrestres indifféremment mobiles ou fixes.

2. Les armes utilisées pour le tir aérien sont des armes automatiques ayant les propriétés générales suivantes ;
- légèreté ;
- robustesse ;
- grande puissance de feu ;
- fonctionnement normal à toutes les altitudes.

Les armes actuellement réglementaires sont :
- la mitrailleuse Lewis modèle 1915 ;
- la mitrailleuse Vickers modèle 1909 anglais ou modèle 1918 français.

3. Mitrailleuse Lewis. — La mitrailleuse Lewis, modèle 1915, pour tir en avion est une arme automatique fonctionnant par emprunt de gaz sur leur parcours dans le canon.

Elle est caractérisée par :

- sa légèreté (8 kilogs 300) ;
- sa puissance de feu (480 coups à la minute) ;
- la précision de son tir : dispersion sensiblement égale au 2/1.000ᵉ de la distance dans le tir coup par coup et sur appui fixe.

La mitrailleuse Lewis possède un dispositif de réglage permettant de faire varier la pression des gaz sur le piston ; elle a un calibre de 7 millim. 7 ; elle emploie un chargeur cylindrique contenant 97 cartouches et pesant alors 5 kilogs.

Sa maniabilité, due à sa légéreté et à son système d'alimentation, en fait l'arme de l'observateur et du mitrailleur. Elle est utilisée soit seule, soit, plus généralement, jumelée avec une seconde mitrailleuse Lewis. Cet armement, dit de tourelle, est fixé sur l'avion par l'intermédiaire de supports mobiles.

4. L'appareil de visée utilisé avec la mitrailleuse seule ou avec jumelage de mitrailleuses est, la ligne de mire Reille Soult (1).

5. Pour l'exécution des tirs à terre d'instruction, la mitrailleuse Lewis est utilisée, soit munie d'un fût en bois, soit munie d'un manchon avec radiateur assurant le refroidissement du canon.

Elle reçoit dans ce cas un appareil de visée spécial dit : ligne de mire pour tir à terre.

6. Mitrailleuse Vickers. — La mitrailleuse Vickers est une arme automatique fonctionnant par court recul du canon et par long recul de la culasse.

La force du gaz agit sur la culasse (par l'intermédiaire de l'étui de la cartouche) et sur la coupelle du canon (renforceur de recul).

Elle est caractérisée par :

- sa grande puissance de feu (cadence de 1,000 coups à la minute avec emploi d'un accélérateur de tir et du renforceur M/A.S.G.P.) ;
- sa robustesse et son fonctionnement sûr à toutes les altitudes ;
- son système d'alimentation permettant l'emploi d'une bande souple constituée par des maillons métalliques réunis entre eux par les cartouches elles-mêmes. Le nombre de

____

(1) Sera probablement remplacée ultérieurement par la ligne de mire E. T. Aé.

cartouches que la bande est ainsi susceptible de recevoir n'est limité que par la contenance de la boîte à cartouches solidaire de l'avion sur laquelle l'arme est montée.

La mitrailleuse Vickers a un calibre de 7 millim. 7 et pèse 13 kilogs.

Moins maniable que la mitrailleuse Lewis, elle est l'arme du pilote tirant toujours parallèlement à l'axe du fuselage de son avion.

Le pilote dispose soit d'une seule, soit de deux mitrailleuses Vickers fixées sur le capot de l'avion et tirant à travers l'hélice grâce à l'emploi d'un dispositif spécial (dispositif de synchronisation) commandé par le moteur.

L'une des mitrailleuses montées sur le capot peut être une mitrailleuse Vickers de calibre de 11 millimètres tirant une balle incendiaire.

7. L'appareil de visée utilisé par le pilote est le Collimateur Chrétien grand modèle.

8. La mitrailleuse Vickers est utilisée, avec manchon de refroidissement par eau et commande directe de la gâchette de tir, pour l'exécution des tirs à terre d'instruction.

CHAPITRE II.

MÉTHODE GÉNÉRALE D'INSTRUCTION.

9. L'arme automatique la plus parfaite peut donner lieu à des accidents de tir.

Une connaissance technique complète des armes et munitions est par suite indispensable pour leur bonne utilisation.

L'instruction technique de l'armement est faite *concurremment* avec l'instruction du tir.

Elle apprend au tireur aérien :

— à remédier rapidement, à terre et en vol, aux incidents de fonctionnement des armes et accessoires (supports, tourelles, appareils de visée, etc.) et à les maintenir en bon état d'entretien ;

— à régler ses armes et appareils de visée ;

— à contrôler et à vérifier le réglage du dispositif de tir à travers l'hélice.

Les notices techniques d'armement relatives à chaque matériel et les annexes I et II du présent règlement, donnent les renseignements nécessaires à cette partie importante de l'instruction.

10. L'enseignement du tir aérien comporte, pour chaque, armement de capot et de tourelle :

— une instruction technique du tireur aérien ;

— une instruction du tireur aérien pour le combat.

11. Cet enseignement ne peut être commencé qu'autant que le tireur aérien aura acquis préalablement, au cours de l'instruction technique du tireur à terre avec arme d'épaule les premiers principes d'emploi d'une arme à feu : prendre la ligne de mire ; viser un point marqué : faire partir le coup sans déranger le pointage.

L'instruction technique préliminaire du tireur avec arme d'épaule est donnée selon les prescriptions de l'Instruction provisoire du 1er septembre 1920 (Première partie, « Fusils et mousquetons » — Titre I).

Elle est poursuivie autant qu'il est nécessaire pour préparer le personnel de l'aviation à prendre éventuellement part à la bataille au sol (défense des terrains contre les troupes ennemies).

12. Mais il y a lieu de noter ;

— qu'il n'est pas utile d'avoir achevé l'instruction technique préliminaire du tireur à l'arme d'épaule pour commencer celle du tireur aérien ;

— que l'instruction préliminaire du tireur à l'arme d'épaule devra être conduite de façon à faire naître ou à développer chez l'exécutant les qualités à posséder par le tireur aérien.

C'est ainsi que l'instructeur s'attachera à donner, dès le début de l'instruction, une égale importance à la *justesse* du tir et à sa *rapidité* d'exécution.

Le tir aérien est, en effet, toujours exécuté au cours de passes de combat extrêmement brèves et rapides ; il ne servirait donc à rien d'avoir formé un tireur de précision si celui-ci avait besoin, pour effectuer les diverses opérations de tir, d'un temps trop long pendant lequel l'adversaire aurait la possibilité, après avoir tiré lui-même, de se placer hors de portée efficace.

De même, pour habituer le tireur à l'arme d'épaule à viser correctement un point marqué, il sera bon d'utiliser comme visuels des figuratifs d'avions vus de face (1) de façon à créer, chez le futur tireur aérien, l'automatisme de la visée sur les objectifs de forme particulière qui seront, le plus souvent, justiciables de son tir.

Le tableau n° 2 de la page 71 de l'Instruction provisoire du 1er septembre 1920 sur la pratique du tir, donnant la série des tirs réels d'instruction à exécuter à distance réelle avec une arme d'épaule, doit, en conséquence, être modifié comme suit pour l'instruction préliminaire du futur tireur aérien.

---

(1) Pour ne pas faire intervenir prématurément l'idée de correction-but qui sera exposée ultérieurement.

TABLEAU donnant la série des tirs à distance réelle à exécuter avec l'arme d'épaule par les tireurs de capot et tireurs de tourelle).

DISTANCE.	NATURE du TIR.	HAUSSE	POSITION du tireur.	NOMBRE de cartouches.	VISUEL.	TEMPS d'exécution.	CONDITIONS à remplir pour passer au tir suivant.	OBSERVATIONS.
100 mètres	Tir de groupement.	250 mètres	Debout sur appel.	5	Figuratif d'avion vu de face de 60 centimètres d'envergure et 20 centimètres de haut.	60 secondes.	2 balles dans le plus grand cercle.	
100	Idem.	Idem.	À genou. À bras.	6	Idem.	Idem.	Idem.	
150	Tir au but.	Idem.	Couché.	8	Idem.	2 minutes.	Idem.	
300	Idem.	400 m.	Idem.	8	Figuratif d'avion vu de face de 1 mètre d'envergure et de 0 m. 10 de haut	Idem.	Idem.	
500	Idem.	400 m.	À genou.	8	Idem.	90 secondes.	Idem.	
600	Idem.	150 m.	Debout.	10	Figuratif d'avion vu de face de 0 m. 60 d'envergure et de 0 m. 10 de haut.	40 secondes.	Idem.	

NOTA. — Le plus grand cercle a un diamètre égal au 1/100e de la distance.

Instruction technique du tireur aérien.

13. L'instruction technique du tireur aérien est destinée.

— à faire connaître aux tireurs de capot et aux tireurs de tourelle les difficultés particulières au tir aérien, la grandeur et le sens des corrections diverses qu'il nécessite, le mode d'emploi des appareils de visée;

— à développer leur habileté dans l'exécution du tir aérien.

Elle contribue, en outre, à augmenter la valeur morale du tireur aérien en lui donnant confiance en lui même et en son armement.

L'habileté dans le tir aérien est fonction de trois éléments d'égale importance :

— Rapidité d'évaluation exacte de la correction-but;
— Rapidité de pointage;
— Justesse du tir.

Le développement de ces trois qualités est obtenu par des procédés différents pour chacune d'elles, mais sensiblement analogues pour le tir de capot et le tir de tourelle.

D'autre part, l'exécution du tir de capot étant intimement liée à la rapidité et à la précision de la manœuvre de l'avion lui-même, l'instruction du pilotage en vue du combat aérien doit être, surtout pour le tireur en monoplace, conduite concurremment avec celle du tir aérien.

14. L'instruction technique du tireur aérien comprend une instruction préparatoire au sol et une instruction préparatoire en vol.

Au cours de l'instruction préparatoire au sol, le tireur aérien est mis en présence des difficultés inhérentes au tir aérien et des procédés divers qui lui permettront de les résoudre rapidement et avec une exactitude suffisante.

Il est ensuite entraîné, au cours de l'instruction préparatoire en vol, à appliquer en avion l'enseignement reçu à terre.

L'instruction à terre et l'instruction en vol peuvent être menées de front; mais il y a lieu de noter qu'aucun exercice ne doit être exécuté en vol avant que la série des exercices à terre qui l'expliquent et le préparent n'ait été, préalablement, effectuée.

15. Le tireur aérien apporte toujours à l'instruction du tir de la bonne volonté et de l'attention.

Appartenant au personnel navigant et, comme tel, possédant une acuité visuelle au moins normale et des réflexes rapides, il est toujours susceptible de devenir un bon tireur en avion; il le deviendra si son instruction est bien faite.

6. L'instructeur doit aimer le tir aérien et s'efforcer d'en
elopper le goût chez les exécutants en excitant leur ému-
on par tous les moyens (encouragement, récompenses,
cours, etc.) et en donnant l'exemple. A cet effet, l'entrai-
ent au tir aérien de tous les officiers du personnel navi-
t ne doit jamais être interrompu.
lus que tous les autres aviateurs, les instructeurs de tir
ent être convaincus de l'efficacité du tir aérien. Chargés
ormer les exécutants, ils doivent s'efforcer de leur faire
ager leur foi dans la nécessité d'un entraînement intensif
onstant et dans la valeur des résultats qu'un tel entraine-
t permet d'obtenir.

7. L'instruction individuelle est la base de l'instruction
ir aérien. Elle est donnée dans des séances courtes et
uentes au cours desquelles l'instructeur étudie chacun
tireurs, enseigne avec soin tous les détails de l'instrut-
, et relève avec calme et bienveillance toutes les fautes
mises.
remédie à celles-ci par les procédés réglementaires com-
s, au besoin, par tous moyens ou appareils schématiques
émonstration qui lui paraîtront susceptibles de frapper
elligence ou la mémoire des tireurs.

8. Pour obtenir des tireurs une évaluation rapide et exacte
correction-but, il importe de leur démontrer et de leur
comprendre la nécessité de cette correction et de suivre
utieusement la progression logique des exercices relatifs
dentification des avions, à l'appréciation de leurs dis-
s et de leurs vitesses.

9. *La rapidité de pointage* est obtenue dès que l'exécutant
e connaissance complète du mode d'emploi des appa-
de visée, jointe :
pour le tireur de tourelle, à un entraînement suffisant à
anœuvre de la tourelle à toutes les altitudes ;
pour *le tireur de capot,* à l'habileté dans la manœuvre de
n.

s résultats sont atteints en diminuant progressivement
rée d'exécution de tous les mouvements précédant ou
mpagnant la visée et par la répétition fréquente et
uue des exercices destinés à développer chez le tireur la
esse et l'aisance dans le maniement de son armement
e son avion.
xécution fréquente d'exercices de visée avec tirs à blanc
tirs avec mitrailleuse photographique contribue large-
à faire acquérir la rapidité de pointage. Ces exercices
t l'avantage de pouvoir être effectués partout.

20. Les tirs photographiques et les tirs réels, considérés comme un moyen pratique de vérifier les résultats de l'instruction, permettent de développer l'adresse des tireurs, en créant un esprit d'émulation et en rendant apparentes les lacunes de l'instruction préparatoire.

A cet effet, il est prescrit de se conformer aux règles suivantes :

— Tous les tirs réels ou photographiques sont contrôlés, le plus souvent possible en présence du tireur et enregistrés sur un carnet individuel;

— Chaque tir d'*instruction* doit donner un résultat fixé d'avance; on ne passe au tir suivant que lorsque ce résultat a été obtenu.

— Les tireurs vérifient eux-mêmes le réglage des appareils de visée;

— Les opérations de vérification et de calibrage des munitions à utiliser, de chargement des bandes ou chargeurs sont effectuées par les tireurs eux-mêmes.

L'instruction technique du tireur aérien est, tout entière, y compris les tirs d'instruction, donnée dans les régiments.

**Instruction du tireur aérien
pour le combat.**

21. L'instruction pour le combat a pour but d'apprendre au tireur aérien à utiliser, dans les meilleures conditions et suivant le rôle qui lui incombe au combat, l'habileté dans le tir acquise par l'instruction technique.

Elle comporte : une instruction préparatoire et des tirs de combat.

22. Au cours de l'instruction préparatoire, le tireur est entraîné à toutes altitudes et par toutes conditions de visibilité : à rechercher, à découvrir et à identifier tous objectifs aériens possibles, à apprécier leurs distances et leurs vitesses. Il est instruit également sur les conditions d'emploi et d'efficacité du tir aérien, sur le mode d'exécution des feux ainsi que sur les conditions d'utilisation des munitions diverses.

L'instruction du tireur aérien pour le combat donne lieu, en outre, à des exercices aussi nombreux que possible effectués soit à l'aube et au crépuscule pour toutes catégories d'aviation, soit de nuit pour les formations de bombardement de nuit ou de chasse de nuit ainsi que pour toutes les formations disposant d'un terrain doté de feux d'atterrissage.

Cette instruction préparatoire est faite entièrement dans les régiments.

23. Les tirs de combat sont exécutés dans des conditions se rapprochant le plus possible de celles du tir de guerre,

2.

au moins quant aux altitudes, à la forme, à la mobilité et à la situation des objectifs employés.

Ils comportent, en particulier, des tirs effectués dans des conditions de visibilité défavorables (au lever et à la chute du jour, de nuit, etc.) qui sont fréquentes à la guerre.

Les objectifs utilisés sont aériens (manche remorquée pour les tirs réels; avions ou ballons d'observation pour les tirs photographiques) ou terrestres (silhouettes ou panneaux représentant différentes catégories de combattants au sol en diverses situations tactiques).

24. Les exercices et tirs de combat sont toujours effectués dans le cadre d'opérations définies, et en se conformant, quant aux modes d'attaques et de défense, aux prescriptions du Règlement provisoire de manœuvre de l'Aéronautique (2ᵉ partie, Aéronautique au combat).

25. L'instruction du tireur pour le combat trouve son application la plus complète dans les exercices de combat effectués individuellement, par patrouilles, en peloton ou en groupe de pelotons.

Ces exercices ont pour but de développer l'initiative des tireurs aériens. Ils doivent tendre à accroître l'adresse au pilotage des tireurs en monoplace, à créer l'automatisme de la collaboration entre pilotes, observateurs et mitrailleurs pour les équipages de bi ou multiplaces.

Ils entraînent les exécutants à effectuer exactement une mission déterminée et à coordonner leur action en vue de la mission assignée à la patrouille, au peloton ou au groupe de pelotons.

Les exercices de combat comportent l'exécution de tirs à blanc et de tirs photographiques. Ils sont exécutés dans les régiments et dans les grands champs de tir aérien.

Dans ce dernier cas, pour donner aux cadres et aux tireurs une idée de la puissance des moyens dont disposent les unités d'aviation, certaines phases intéressantes des exercices de combat donnent lieu à des tirs réels de combat sur objectifs terrestres ou objectifs aériens remorqués.

26. Les tirs réels de combat sont toujours exécutés dans les grands champs de tir aérien.

CHAPITRE III.

CONTRÔLE DE L'INSTRUCTION.

27. Les Chefs de corps et les Commandants de groupe exercent sur l'instruction du tir aérien une action personnelle et un contrôle constants.

Leur action consiste spécialement :

— à augmenter dans la plus large mesure les facilités d'instruction ;

— à développer par tous les moyens le goût du tir et l'émulation chez tous les tireurs.

Leur contrôle s'exerce :

— Sur l'application des méthodes et procédés d'instruction prescrits par la présente Instruction ;

— Sur l'observation des règles d'exécution qu'elle édicte ;

— Sur les résultats obtenus.

Ils s'assurent, en particulier, que la comptabilité relative à l'inscription des tirs de chaque tireur est soigneusement tenue à jour et que les conditions exigées pour passer d'un tir au tir suivant sont observées.

Ils s'assurent que tout le matériel d'instruction prévu dans l'Annexe III du présent Règlement existe effectivement et qu'il est soigneusement entretenu.

CHAPITRE IV.

DÉFINITIONS.

28. Trajectoire. — Courbe décrite par le projectile pendant son trajet dans l'air (figure 1).

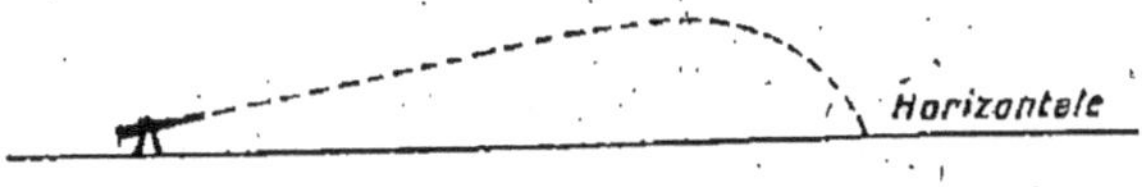

Fig. 1.

Ligne de mire. — Ligne qui joint le cran de mire au guidon de l'arme (figure 2).

Fig. 2.

Ligne de mire pour tir aérien. — Ligne qui joint deux points déterminés de l'appareil de visée, tenant lieu de cran de mire et de guidon.

Dans le cas du tir aérien, les corrections nécessitées par les vitesses de déplacement du tireur et du but font que la ligne de mire de l'appareil de visée ne se confond pas avec la ligne de mire naturelle de l'arme.

a) Ligne de mire naturelle de l'arme.

L'arme employée pour le tir de capot, bien qu'utilisée avec une ligne de mire particulière au pilote, possède cependant un cran de mire et un guidon réglés pour une distance fixe et unique (200 mètres). Ce cran de mire et ce guidon constituent la ligne de mire naturelle de l'arme.

b) Ligne de mire de correction nulle.

La ligne de mire de correction nulle est la ligne de mire de tir aérien parallèle à la ligne de tir.

Viser un point : c'est diriger la ligne de mire sur le point désigné.

Angle de mire. — Angle que fait la ligne de mire avec la ligne de tir (figure 5).

Ligne de tir. — Axe du canon indéfiniment prolongé lorsque l'arme est pointée, immédiatement avant le départ du coup (figure 5).

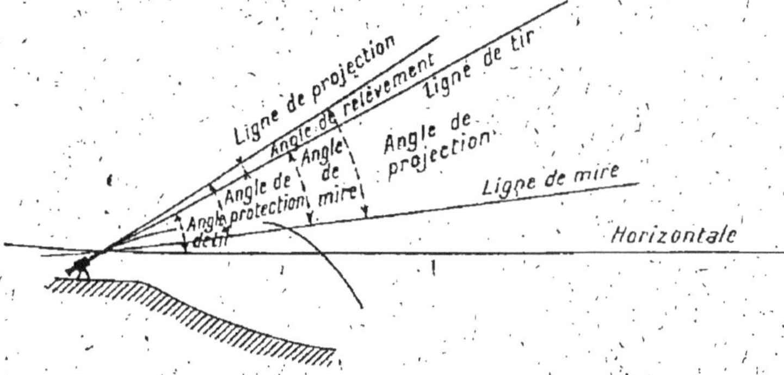

Fig. 5 (1).

Angle de tir. — Angle que fait la ligne de tir avec l'horizontale (figure 5).

Ligne de projection. — Tangente à la trajectoire à l'origine ou bien :

Direction de l'axe du canon au moment où le projectile franchit la bouche de l'arme (figure 5).

Angle de projection. — Angle que fait la ligne de projection avec la ligne de mire (figure 5).

---

(1) Les figures 3 et 4 ont été supprimées.

Angle de relèvement. — Déplacement angulaire que subit l'axe du canon au-dessus de la position de pointage au départ du coup (figure 5).

Ligne de site. — Droite qui joint l'arme au but. Se confond, dans le tir à terre, avec la ligne de mire quand l'arme est correctement pointée (figure 6).

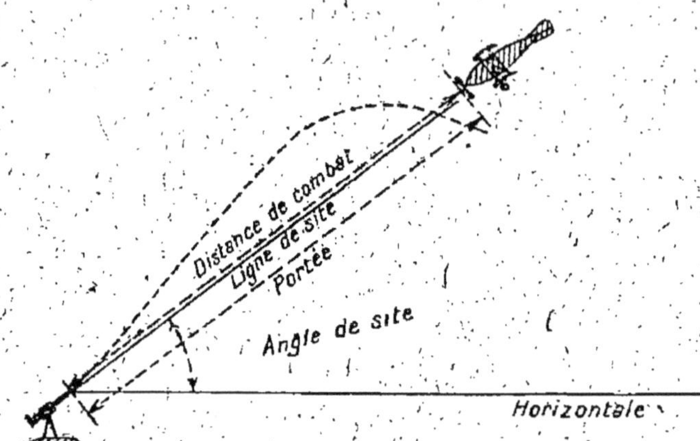

Fig. 6.

Portée. — Distance, comptée sur la ligne de site, entre l'arme et le point de rencontre de la trajectoire et de la ligne de site (figure 6).

Plan de tir. — Plan vertical contenant la ligne de tir. On admet que la ligne de projection se trouve dans ce plan.

Dérivation. — Résultat du mouvement imprimé au projectile par les rayures. Par suite de la dérivation, la trajectoire est gauche; le projectile sort du plan de tir du côté où tournent les rayures.

Le projectile d'une arme rayée de gauche à droite va vers la droite et inversement.

Il n'y a pas lieu de tenir compte de la dérivation, elle est éliminée par le réglage avec tir réel.

Ordonnée d'un point de la trajectoire. — Distance de ce point à la ligne de mire.

Flèche. — Ordonnée maximum de la trajectoire.

Tension de la trajectoire. — La trajectoire est plus ou moins tendue suivant qu'elle se rapproche plus ou moins de la ligne droite. La grandeur de la flèche mesure la tension de la trajectoire; plus la flèche est petite, plus la trajectoire est tendue et inversement.

Vitesse initiale. — Vitesse du projectile au moment où il quitte l'arme : Elle s'exprime par la notation Vo.

Vitesse restante à N mètres. — Vitesse que possède encore le projectile au point situé à N mètres de la bouche de l'arme. Elle s'exprime par la notation Vn.

Exemple : Vitesse restante à 250 mètres, s'écrit : V_{250}.

Durée de trajet correspondante à un point de la trajectoire. — Temps que met le projectile à parcourir l'arc compris entre la bouche de l'arme et un point déterminé de la trajectoire.

Distance de combat. — Distance entre le tireur et le but à l'instant du tir.

Pointer (*ou viser un point*), c'est diriger la ligne de mire sur un point désigné.

Point d'impact. — Empreinte produite par la balle sur la cible.

Groupement. — Ensemble des points d'impact produits par un ou plusieurs tireurs visant un même point avec la même hausse.

Le point central d'un groupement est appelé *point moyen*. On le détermine pratiquement par la rencontre de deux axes : l'un vertical, l'autre horizontal, laissant chacun de part et d'autre la moitié des coups du groupement.

Dispersion d'une arme. — Lorsqu'on tire avec une arme à feu quelconque une succession de coups dans des conditions initiales aussi identiques que possible, on constate que les impacts sont répartis au hasard dans une zone de forme arrondie et qu'ils sont plus serrés vers le centre de la zone que vers les marges. Ce phénomène a reçu le nom de dispersion; il est susceptible d'être mesuré; il varie avec la distance qui sépare l'arme de la cible. Quand il s'agit d'armes portatives, on est convenu de mesurer les dimensions *hauteur* et *largeur* de la zone des impacts sur une cible dont le plan est vertical, la ligne joignant l'arme au centre de la cible étant horizontale. Ces dimensions n'ont aucune valeur en soi, il faut indiquer en même temps la distance et les conditions d'exécution du tir.

Exemple : « A 15 degrés centigrades et à la pression de 76b m/m, la dispersion à 200 mètres du tir de la mitrailleuse Lewis immobilisée sur bâti fixe au sol est de 35 centimètres en hauteur et de 40 centimètres en largeur. »

Précision d'un tir. — La précision d'un tir se mesure par les dimensions du rectangle qui enveloppe le groupement en passant par les balles extrêmes. Le tir est d'autant plus précis que ces dimensions sont plus réduites.

Réglage d'un tir. — Un tir est dit réglé quand le point moyen coïncide avec le point visé.

Justesse d'un tir. — Un tir est juste quand il est à la fois précis et réglé. La justesse s'exprime pratiquement par le rapport entre le nombre des balles mises dans le but et celui des balles tirées.

CHAPITRE V.
EXPOSÉ GÉNÉRAL DU PROBLÈME DU TIR AÉRIEN.

29. Le problème général du tir aérien s'énonce comme suit :

Un avion-but B se déplace avec une certaine vitesse V_b sur une route rectiligne BX.

Un tireur, à bord d'un avion T, animé d'une vitesse V_t et se déplaçant sur une route rectiligne TY, veut atteindre l'avion B (figure 7).

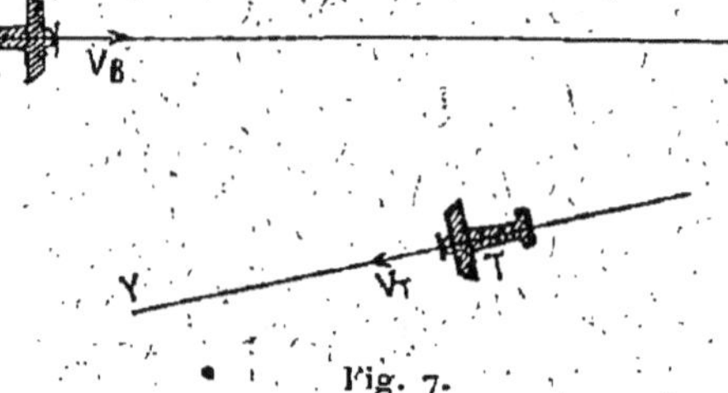

Fig. 7.

Quel point doit-il viser, étant entendu que ce point sera le centre de la *région à battre* ?

Deux facteurs entrent en ligne de compte, indépendamment de la distance. Ce sont : la vitesse du but et la vitesse du tireur. Étudions séparément l'influence de chacun d'eux.

a. Influence de la vitesse du but.
Correction-but.

30. Le problème peut s'énoncer : *Tir d'un point T fixe, sur un avion B mobile*, animé d'une vitesse V_b (figure 8).

Il ne faut pas viser le but, car, quelque rapide que soit la balle, elle mettra un certain temps à parcourir la distance de combat. Pendant ce temps, le but parcourra un chemin appréciable. Il faudra donc viser un point P, situé sur l'axe de marche du but, en avant de celui-ci et tel que l'avion-but se trouvera en ce point au bout du temps mis par la balle pour aller du tireur à ce point (fig. 8).

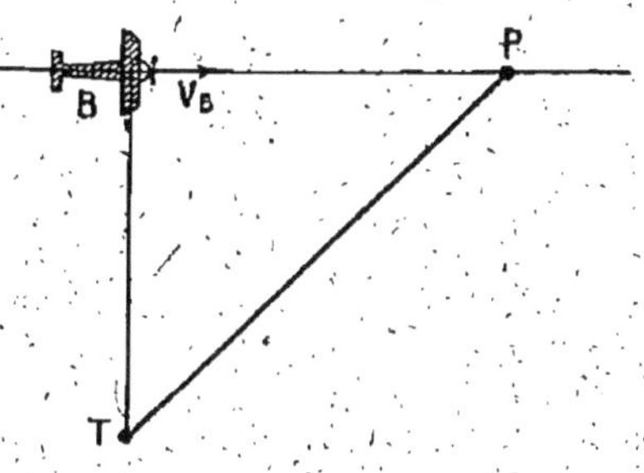

Fig. 8.

La longueur BP est appelée *longueur* de la correction-but ou *correction-but*.

Le but ayant une vitesse V_b, la distance B P qu'il parcourra pendant le temps t (durée du trajet de la balle, sera le produit de ce temps par sa vitesse (1) :

$$BP = V_b.t.$$

d'où : *la valeur de la correction-but est égale au produit de la vitesse du but par la durée de trajet.*

Exemple : On vise plein but sur un avion ayant une vitesse de 5o mètres à la seconde et situé à 3oo mètres de distance. La balle met o"44 pour parcourir ces 3oo mètres. Pendant ce temps, l'avion parcourt 5o × o"44 = 22 mètres; la balle passera à 22 mètres en arrière du but. Pour atteindre l'avion il aurait fallu viser à 22 mètres en avant de lui.

Remarques.

31. La correction-but varie proportionnellement avec :

– La vitesse du but;

– La durée de trajet de la balle.

32. La grandeur de la correction-but n'est pas proportionnelle à la distance. Les durées de trajet augmentent, en effet, plus vite que la distance par suite de la résistance opposée par l'air à la progression du projectile.

---

(1) Dans le produit $V_b.t$, la durée de trajet étant exprimée en secondes, la vitesse du but doit être exprimée en mètres parcourus en une seconde.

Exemple : Pour la portée de 200 mètres, la durée de trajet est 0"28. La longueur de la correction-but à effectuer sur un avion situé à cette distance et ayant une vitesse de 50 mètres à la seconde est égale à 14 mètres.

Si la distance est double, c'est-à-dire 400 mètres, la durée de trajet est de 0"63 et la longueur de la correction-but égale à 31 m, 50.

Or, 0"63 est plus grand que le produit de 0"28 par 2, et 31 m. 50 est plus grand que le produit de 14 mètres par 2.

Correction-but angulaire.

33. On appelle correction-but angulaire la valeur de l'angle dont il faut décaler la ligne de tir par rapport au but pour effectuer la correction-but (fig. 9).

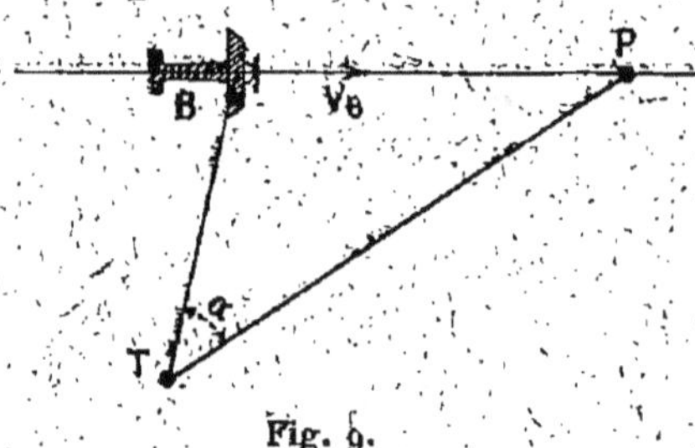

Fig. 9.

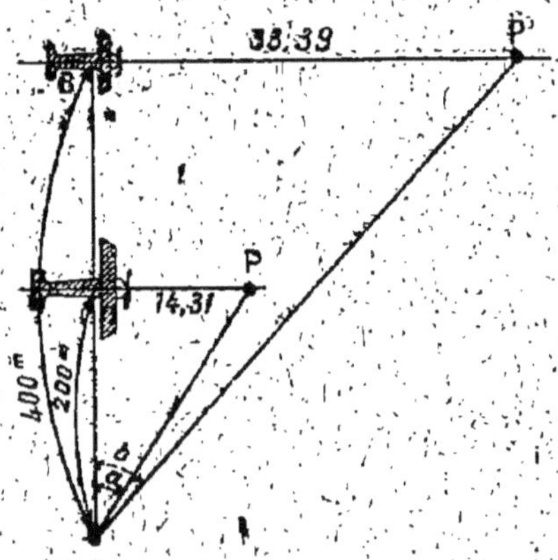

Fig. 10.

La correction-but angulaire n'est pas constante puisque la correction-but linéaire n'est pas proportionnelle à la distance (fig. 10).

b. Influence de la vitesse du tireur.
Correction-tireur.

34. Énoncé du problème : *Tir d'un avion mobile T* (fig. 11) *animé d'une vitesse V_t sur un point fixe et non situé sur la direction de marche de l'avion tireur.*

Supposons que le tireur aérien T ayant dirigé son arme sur le point M situé à la distance MT fasse partir le coup. Le

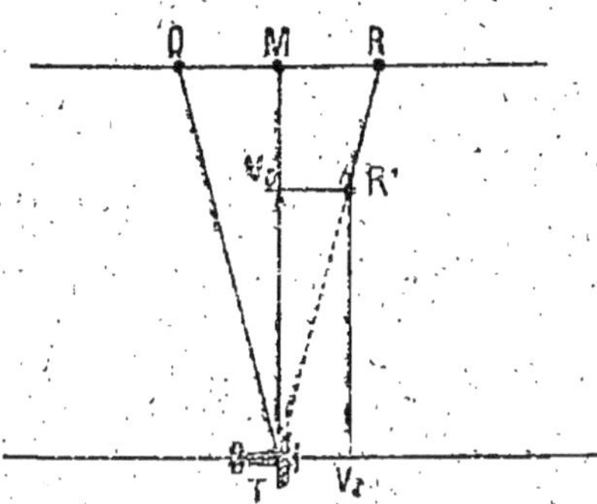

Fig. 11.

projectile obéit au deux impulsions V_t (Vitesse-tireur) et V (Vitesse initiale du projectile) auxquelles il est soumis pendant son trajet dans le canon de l'arme.

Son centre de gravité décrit donc, non pas le chemin MT, direction de l'arme, mais la diagonale du parallélogramme des vitesses construit sur V_t et V_0 et la balle se dirige vers R au lieu de se diriger vers M.

Le tireur aérien commet ainsi une erreur en direction égale à la longueur MR mesurée sur une parallèle menée par le point M à la direction de marche de l'avion-tireur.

On démontre que la longueur MR est égale au quotient, par la vitesse initiale, du produit de *la distance de combat* par la vitesse-tireur.

On a :

$$MR = \frac{\text{Distance} \times \text{vitesse-tireur}}{\text{Vitesse initiale}}.$$

Pour atteindre le but, le tireur doit donc corriger son tir, c'est-à-dire effectuer une *correction-tireur* égale et de sens inverse à l'erreur en direction constatée.

Il lui suffit pour cela de diriger son arme sur un point Q situé :

— sur une parallèle à l'axe de marche de l'avion tireur et passant par le but ;

— à une distance du but égale à la longueur donnée par la formule :

$$\text{Correction-tireur} = \frac{D.V_t}{V_o}.$$

Correction-tireur angulaire.

35. La valeur de l'angle QTM est appelée *correction-tireur angulaire* (fig. 11).

On remarque que :

V_o est constant pour une munition et une arme déterminées; V_t est sensiblement constant pour un avion déterminé.

La correction-tireur est donc proportionnelle à la distance.

En conséquence, *la correction-angulaire tireur* ne varie, pour un avion tireur de vitesse déterminée tirant des projectiles déterminés, qu'avec l'angle formé par l'axe de marche de l'avion-tireur et l'axe de marche de l'avion-but quelle que soit la distance de cet avion-but.

c. **Problème général.**

36. Le problème général du tir aérien n'est autre que la réunion des deux problèmes précédents.

Pour que le tireur de l'avion T se dirigeant vers Y atteigne l'avion B se dirigeant vers X (fig. 12), il doit :

1° *Faire la correction-but*, c'est-à-dire porter, à partir du but et sur le prolongement de son axe longitudinal, une

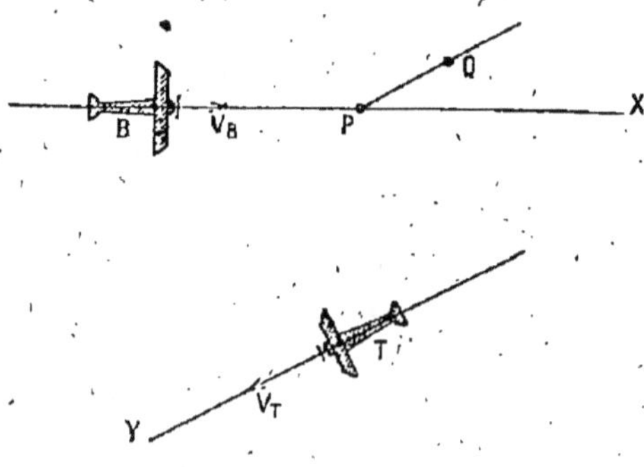

Fig. 12.

longueur égale à la vitesse du but (exprimée en mètres-seconde) multipliée par la durée de trajet de la balle pour la distance de tir considérée;

2° *Faire une correction-tireur*, c'est-à-dire porter, à partir du point P ainsi obtenu et sur une droite parallèle et de sens inverse à la trajectoire de son propre avion, une longueur PQ égale à :

$$\frac{\text{Vitesse avion-tireur} \times \text{distance}}{\text{Vitesse initiale du projectile}}$$

Remarques.

37. La correction-tireur *angulaire* ne variant pas avec la distance, le tireur pourra être doté d'un appareil réalisant automatiquement cette correction (fig. 13).

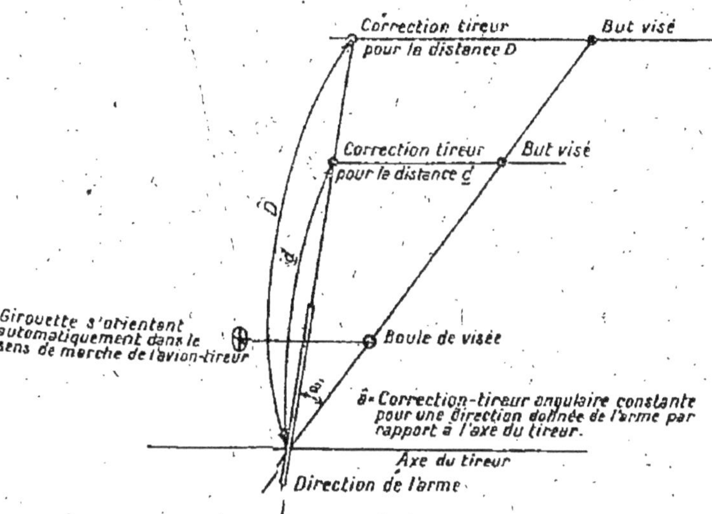

Fig. 13.

38. Le tireur ne dispose d'aucun instrument lui donnant automatiquement la vitesse du but et la distance de combat. Ces valeurs doivent être estimées par le tireur lui-même. Il reçoit, à cet effet, une instruction spéciale.

39. Le tir sur objectif fixe au sol et sur objectif très peu mobile (colonne d'infanterie en marche) correspond sensiblement, sauf par très grand vent au sol, à la deuxième partie du problème aérien :

« Tir d'un avion mobile T animé d'une vitesse V_t sur un point fixe non situé sur la direction de marche de l'avion-tireur. »

Aucune correction-but n'est à effectuer; il faut exécuter une correction-tireur.

40. Lorsque le point fixe à atteindre est situé exactement dans la direction de marche de l'avion-tireur, aucune correction-tireur n'est nécessaire, le projectile ne subissant aucune déviation du fait du mouvement de l'avion-tireur. (Cas du tir de capot.)

41. Dans le tir aérien avec l'armement de capot, les mitrailleuses étant disposées parallèlement à l'axe du moteur, la correction-tireur est nulle.

L'influence de la vitesse-tireur sur la vitesse initiale se traduit seulement par une augmentation de cette dernière et, par suite, par une diminution de la durée de trajet. On admet que l'augmentation de la vitesse initiale n'entraîne pas, aux petites distances, de modifications sensibles à la table de tir du projectile employé.

42. Dans le tir aérien avec l'armement de tourelle, les mitrailleuses ont généralement à tirer dans une direction faisant un certain angle avec l'axe de marche de l'avion-tireur. Le tireur doit effectuer une correction-but et une correction-tireur.

Il en est de même pour le tir sous le fuselage.

43. On considère actuellement, étant donné les qualités des armes en service, que le combat aérien se livre toujours à une distance inférieure à 5oo mètres; on admet qu'il est permis :

1° D'employer une hausse unique (*1*oo mètres);

2° De considérer la trajectoire comme une ligne droite quel que soit le site sous lequel on tire;

3° De considérer que le vent atmosphérique pouvant agir sur le tireur et sur l'avion-but est le même. Tout se passe alors comme si le vent n'existait pas.

NOTA. — On devrait prendre comme durée de trajet la durée de trajet t_1 correspondant à la distance TP effectivement parcourue par la balle et non la durée de trajet t correspondant à la distance TB (fig 8).

Outre qu'il serait plus difficile encore d'apprécier à vue la distance TP que la distance TB, on démontre que la valeur maximum de l'erreur angulaire maximum commise est assez faible pour être pratiquement négligeable.

PREMIÈRE PARTIE.

MITRAILLEUSES DE CAPOT.

***

TITRE Ier.

INSTRUCTION TECHNIQUE DU TIREUR DE CAPOT.

44. L'instruction technique du tireur de capot comprend deux parties :

- Chapitre I. — Instruction préparatoire.
- Chapitre II. — Tirs d'instruction.

CHAPITRE PREMIER.

INSTRUCTION PRÉPARATOIRE.

45. Au cours de l'instruction préparatoire, le tireur de capot apprend tout ce qu'il doit savoir pour tirer, avec justesse et rapidité, sur tous objectifs justiciables de son feu. Ses réflexes sont, en outre, développés de façon à rendre automatiques les opérations qui précèdent ou accompagnent l'exécution même du tir :

a. Manœuvre des mitrailleuses.

b. Détermination du point à viser en fonction de la distance, de la vitesse et de la situation dans l'espace de l'objectif à atteindre ;

c. Pointage de l'arme (ou des armes) par la manœuvre convenable de l'avion.

L'instruction préparatoire permet, enfin, d'entretenir et de développer l'habileté du tireur de capot déjà instruit.

46. L'instruction préparatoire du tireur de capot comprend :

— *Une instruction au sol,* portant sur les connaissances nécessaires à la manœuvre convenable de l'arme et à l'évaluation exacte, en grandeur et en direction, de la correction-but ;

– *Une instruction en vol*, au cours de laquelle le tireur de capot est entraîné à appliquer en vol les principes reçus au cours de l'instruction au sol et à pointer l'arme par la manœuvre de son avion.

Instruction préparatoire au sol.

A. — Manœuvre des mitrailleuses.

47. Le tireur de capot est instruit, au préalable, dans la connaissance précise de l'armement dont il dispose.

Cette instruction porte sur :

– La nomenclature, le démontage, le remontage, le fonctionnement, les enrayages et l'entretien de la mitrailleuse Vickers de 7 millim. 7, pour tir à terre et pour tir en avion et, pour les pilotes de monoplace, de la mitrailleuse Vickers de 11 millimètres ;

– Les accessoires de mitrailleuse (accélérateur de tir, levier de réarmement, etc.) ;

– Les accessoires d'armement (tire-douilles, dispositifs de tir à blanc, boîtes à cartouches, boîtes réceptrices de maillons, boîtes réceptrices des étuis, etc.) ;

– Les dispositifs de tir à travers l'hélice et le réglage de a synchronisation ;

– Les munitions réglementaires, leurs vérification et calibrage :

– La confection des bandes à maillons, la mise en place des bandes dans les boîtes à cartouches ;

– L'appareil de visée réglementaire : collimateur Chrétien grand modèle (montage, réglage et entretien).

48. L'instruction théorique et pratique de l'armement est donnée en utilisant uniquement les armes de théorie, les armes coupées, les cartouches inertes et le matériel d'instruction mis à la disposition des escadrilles, groupes et régiments, dans les conditions fixées, chacun quant au matériel qu'il détient réglementairement (1), par les Officiers de tir d'escadrille, de groupe et de régiment.

Pour chacun des matériels étudiés, l'instructeur se reporte aux notices réglementaires y relatives en s'attachant à n'apprendre aux tireurs de capot que ce qui leur est strictement nécessaire pour la connaissance pratique et *complète* de l'armement dont ils sont dotés.

---

(1) Voir annexe III : Dotation en matériel d'instruction.

49. L'instruction relative aux dispositifs de tir à travers l'hélice et au réglage de la synchronisation est donnée en se reportant à la notice S. T. Aé. (octobre 1918). L'instruction relative au réglage des armes et du collimateur Chrétien grand modèle est donnée en se reportant à l'annexe II de la présente Instruction.

50. L'instruction sur l'armement donne lieu à l'exécution de tirs de fonctionnement.

Les tirs de fonctionnement sont exécutés avec une mitrailleuse Vickers pour tir à terre placée, soit sur support intermédiaire monté sur affût trépied omnibus 1915, soit sur plate-forme spéciale pour l'entraînement à terre du tireur de capot (1).

Ils ont pour but d'amener le tireur de capot :

— à exécuter de façon convenable et rapide les opérations suivantes : préparer pour le tir l'arme (tir à terre) ou l'avion (tir aérien); charger, pointer l'arme munie du collimateur Chrétien, agir sur la détente, cesser le tir, désarmer;

— à tirer par rafales de durée variable;

— à remédier rapidement aux incidents de tir.

51. Vickers pour tir à terre.

Préparer l'arme pour le tir. — Remplir d'eau le manchon après avoir enlevé le bouchon du tube d'échappement de vapeur. Vérifier que les joints en amiante sont étanches, sinon, les remplacer.

Charger. — Introduire la bande dans le bloc d'alimentation par le côté droit.

Ouvrir la culasse et, pendant qu'elle est ouverte, tirer sur la bande vers la gauche. Refermer la culasse.

On place ainsi une première cartouche dans le transporteur.

Recommencer une deuxième fois l'ouverture de la culasse ainsi que la traction sur la bande et la fermeture afin d'amener la première cartouche dans le canon et de placer la deuxième dans le transporteur.

Tirer. — Appuyer sur la détente après avoir tiré vers soi le linguet de sûreté.

Cesser le tir. — Cesser d'appuyer sur la détente. Le tir s'arrête, culasse fermée, une cartouche dans le canon, une autre prise par le transporteur.

---

(1) Voir annexe IV : Description des matériels d'instruction; **§ c**, Dispositif de tir à distance réduite sur avion-maquette grandeur réduite.

Retirer la bande. — Ouvrir la culasse, la sortir de la boîte de culasse ou l'accrocher à sa position arrière. Retirer la bande après avoir dégagé les cliquets inférieurs et supérieurs en appuyant sur leurs poussoirs, en dessous et en dessus de l'entrée du bloc d'alimentation.

Si l'on cesse le tir définitivement, retirer à la main les deux cartouches qui se trouvent sur le transporteur ou manœuvrer deux fois de suite le levier d'armement.

52. Vickers montée sur avion.

Préparer l'avion. — Prendre la bande de cartouches par l'extrémité terminée par le double maillon (1).

Enlever le couvercle de la boîte à cartouches.

Disposer la bande bien à plat dans le fond de la boîte à cartouches, les balles dirigées vers l'avant de l'avion.

Faire ainsi un premier rang de cartouches.

Replier la bande plusieurs fois sur elle-même jusqu'à ce que la boîte à cartouches soit pleine.

Engager l'extrémité de la bande sous les ressorts d'appui portés par la boîte à cartouches.

Remettre le couvercle de la boîte à cartouches.

Charger. — Ouvrir la culasse et accrocher les cornes du transporteur sur les crans des cames polygonales.

Engager la bande dans le couloir du bloc d'alimentation, du côté de l'échancrure ménagée sur le bloc pour la manœuvre des cliquets supérieurs du coulisseau.

Pousser la bande à fond. On doit entendre le bruit produit par l'effacement des cliquets inférieurs et des cliquets supérieurs.

Ramener *le levier d'armement* (petit levier) vers l'arrière et l'abandonner. Une première cartouche est alors saisie par le transporteur.

Armer la mitrailleuse, en ramenant *le levier de rearmement* (grand levier) vers l'arrière et en l'abandonnant.

La mitrailleuse est alors prête à tirer.

Tirer. — Appuyer sur la poignée du bowden de mise de feu.

Cesser le tir. — Abandonner la poignée du bowden de mise de feu.

Décharger la mitrailleuse. — Ramener le levier d'armement (petit levier) vers l'arrière et l'abandonner. Recommencer une deuxième fois cette opération.

---

(1) Remarque importante pour la mitrailleuse de 11 millimètres.

Retirer la bande. — Appuyer sur les cliquets inférieurs et supérieurs (après avoir ramené la culasse en arrière à l'aide du petit levier, si la pièce n'a pas été déchargée) et sortir la bande hors du couloir.

Décharger la mitrailleuse comme plus haut, si cela n'a pas été fait.

53. Pointer l'arme. — L'arme étant munie d'un collimateur Chrétien que l'instructeur a préalablement fait régler par convergence pour la distance de tir :

— Viser avec les *deux yeux ouverts ;*

— Placer l'œil à une distance de o m. 13 environ de l'oculaire et correspondant à celle que la conformation du pilote lui commande de prendre en avion ;

— Amener la croix centrale du réticule sur le visuel du figuratif à viser, en veillant à ce que les cercles du réticule demeurent concentriques à la monture du collimateur ;

— S'efforcer de maintenir, au cours de la rafale, la croix centrale du réticule sur le visuel du figuratif, les cercles du réticule restant concentriques à la monture du collimateur.

Cesser le tir dès que les trépidations de l'arme empêchent d'effectuer une visée correcte.

Dans le tir aérien de capot, la mitrailleuse est solidement fixée sur l'avion, d'une part ; l'action sur la gâchette de tir est, d'autre part, faite par le dispositif de tir à travers l'hélice mû lui-même par le moteur quand le tireur du capot agit sur la commande du bowden.

En conséquence, le tireur ne sera instruit à faire l'action du doigt sur la détente et à maintenir l'arme en direction pendant toute la durée des rafales que dans la mesure indispensable à la bonne exécution des tirs de fonctionnement.

54. Les tirs de fonctionnement sont toujours exécutés, sans se préoccuper d'effectuer un tir juste, sur cibles de 2 mètres sur 2 mètres placées à des distances comprises entre 3o et 5o mètres et sur lesquelles sont dessinés, au pochoir, des figuratifs schématiques représentant, en réduction au 1/10ᵉ, des avions vus de face. Un visuel, constitué par un cercle noir dont le diamètre est égal aux 5/1000ᵉˢ de la distance de tir, est placé au centre du figuratif.

55. Au cours des tirs de fonctionnement, l'instructeur rappelle aux tireurs de capot les divers enrayages possibles ainsi que les procédés pour y remédier.

Il profite, à cet effet, de tous les incidents de tir dus à une manœuvre défectueuse ou à un mauvais fonctionnement de l'arme ; il les provoque au besoin en utilisant des cartouches rebutées au calibrage.

Le tireur de capot, constatant un enrayage, donne à haute

voix les explications sur sa nature et ses causes. Il indique les précautions qui auraient permis de l'éviter et, tout en procédant au désenrayage, explique les opérations qu'il effectue.

56. Les tirs de fonctionnement sont exécutés d'abord en tenue de travail, puis en tenue de vol (comprenant seulement les lunettes et les gants fourrés) en utilisant, pour chaque tireur, les munitions qu'il a lui-même calibrées et les bandes qu'il a garnies.

Un certain nombre de tirs de fonctionnement peuvent être effectués avec des cartouches à blanc.

Les tirs de fonctionnement sont poursuivis jusqu'à ce que le tireur, en tenue de vol, exécute la manœuvre de l'arme avec un automatisme suffisant et soit capable de remédier rapidement aux divers incidents de tir.

57. Les tirs de fonctionnement sont enregistrés sur le carnet individuel de tir. Les tirs sont très bons, bons ou assez bons, suivant que le tireur a très bien, bien ou assez bien effectué les diverses manœuvres de l'arme. Ils ne comportent pas de contrôle des résultats du tir lui-même.

58. Cette partie de l'instruction relative à l'armement présente une grande importance; elle donne au tireur la confiance indispensable dans la valeur de son armement: elle augmente sa valeur morale et supprime la crainte déprimante de l'enrayage; elle lui permet de conserver entière la liberté d'esprit indispensable à l'exécution propre des manœuvres nécessitées par le combat.

B. — Détermination du point à viser. Méthode d'emploi du collimateur Chrétien grand modèle.

59. Le tir de capot s'effectuant parallèlement à l'axe du moteur, le tireur aérien de capot n'a pas à effectuer de correction-tireur. Il doit, par contre, quand il tire sur un objectif très mobile, effectuer, en général, une correction-but (Voir livre 1er — Principes généraux — Chapitre V — Exposé du problème du tir aérien).

60. L'appareil de visée actuellement utilisé pour le tir de capot est le collimateur Chrétien grand modèle. Cet appareil donne au tireur, par visée directe sur l'objectif, la valeur angulaire de la correction-but pour différentes vitesses d'avions-but et pour toutes les distances de zéro à 400 mètres.

61. La formation du tireur de capot à l'utilisation convenable du collimateur Chrétien grand modèle est l'objet de l'attention constante de tous les officiers et gradés instrucleurs et du contrôle effectif des commandants d'escadrille et des commandants de groupe.

Cette instruction, poursuivie pendant toute la durée de la présence des pilotes sous les drapeaux, est donnée au cours de séances prévues à l'emploi du temps des unités et lors de toutes occasions favorables permettant d'entretenir ou d'améliorer l'éducation acquise.

Elle comprend, au sol :

— des exercices d'identification des avions;

— des exercices d'appréciation des distances;

— des exercices d'appréciation des vitesses;

— des exercices d'évaluation de correction-but (avec emploi de l'appareil d'instruction Perrin-Pelletier);

— une instruction sur le mode d'emploi du collimateur Chrétien grand modèle;

— des exercices de visée sur avions-maquettes (avec emploi de maquettes de mitrailleuses);

— des exercices de visée sur avions en vol.

62. Identification des avions :

1° L'instructeur montre au tireur un avion à terre et lui apprend à remarquer — à noter dans sa mémoire — ses caractéristiques extérieures particulières : forme générale, nombre de moteurs, de plans, de mâts; dièdres, plans décalés, inclinaison des mâts; forme et emplacement des radiateurs, des réservoirs; forme générale du train d'atterrissage, de l'empennage, etc. qui lui permettront de déterminer facilement son type au cours d'une observation lointaine;

2° Il lui montre ensuite des avions de divers types, placés à terre ou roulant au sol, et lui fait remarquer les différences extérieures qu'ils présentent entre eux. Il lui fait observer ces avions sous divers angles : de face, d'arrière, de trois quarts avant et trois quarts arrière, etc., en attirant son attention sur l'importance des caractéristiques propres à chacun de ces angles qui permettront au tireur de déterminer à la fois le type et la direction de marche de l'avion considéré.

L'instructeur, au cours de ces exercices, interroge fréquemment le tireur afin de stimuler son intérêt et de provoquer ses remarques et observations personnelles.

63. Appréciation des distances :

1° L'instructeur se place avec les tireurs, munis de leurs lunettes de vol, d'abord à moins de 100 mètres, puis à 100 mètres, 200, 300, 400, et enfin au delà de 400 mètres d'un avion armé occupé par son équipage en tenue de vol et placé, à terre, en ligne de vol.

Il fait énoncer par chaque tireur tous les détails qu'il distingue et qui sont, pour lui, caractéristiques de la distance.

2° Il reprend le même exercice en faisant observer, du même point et en même temps, des avions de divers types (chasse, observation et bombardement), *placés aux mêmes distances que précédemment*. Il fait noter les dimensions *apparentes* sous lesquelles les tireurs voient le fuselage et les détails importants de chacun de ces avions également éloignés et identiquement placés par rapport à eux.

Cet exercice est fréquemment répété avec des éclairements différents (soleil dans le dos, soleil dans les yeux, au crépuscule, par temps nuageux ou par brumes légères) et en faisant varier les distances séparant les avions du groupe des tireurs.

3° Dans des séances postérieures, l'instructeur fait observer des avions placés à terre en ligne de vol et situés à des distances inconnues des tireurs; chaque tireur s'efforce de déterminer celles-ci et indique à haute voix les raisons de son estimation. L'instructeur rectifie les erreurs et s'attache moins à obtenir une appréciation précise (difficile à contrôler et d'ailleurs inutile puisque, en vol, la distance varie instantanément) qu'à faire classer très rapidement les avions observés dans les catégories suivantes :

- à moins de 100 mètres;
- entre 100 et 200 mètres;
- entre 200 et 300 mètres;
- entre 300 et 400 mètres;
- au delà de 400 mètres.

4° Lorsque le tireur a acquis au cours des exercices précédents une habileté suffisante pour déterminer avec une extrême rapidité la distance approximative de l'adversaire, ce qui lui permettra éventuellement de faire rapidement face à une attaque par surprise, il est instruit à apprécier les distances avec une exactitude plus grande en se servant des indications télémétriques que lui fournissent les circonférences concentriques gravées sur le réticule du collimateur.

L'instructeur enseigne aux tireurs que le cercle intérieur du collimateur Chrétien grand modèle couvre 80 millièmes, c'est-à-dire 8 mètres à 100 mètres.

Utilisant ensuite un collimateur Chrétien monté sur maquette de mitrailleuse, chaque tireur de capot regarde à travers le collimateur et sous divers angles (de face, par plein travers, trois quarts avant, trois quarts arrière, etc.) des avions de types divers placés à différentes distances. L'instructeur leur fait constater qu'un avion biplace (envergure moyenne voisine de 14 mètres et longueur moyenne de fuselage voisine de 10 mètres) sera *environ* :

1° S'il est vu de face ou de trois quarts (à 45 degrés) ....
- en deçà de 200 mètres s'il couvre le diamètre du cercle intérieur;
- à 350 mètres s'il couvre le rayon;
- au delà de 500 mètres s'il couvre le demi-rayon.

2° S'il est vu par le travers ....
- à 100 mètres s'il couvre le diamètre du cercle intérieur;
- à 250 mètres s'il couvre le rayon;
- à 500 mètres s'il couvre le demi-rayon.

De même, un monoplace (envergure moyenne voisine de 10 mètres, longueur moyenne voisine de 7 mètres) sera *environ* :

1° S'il est vu de face ou de trois quarts (à 45 degrés) ......
- à 120 mètres s'il couvre le diamètre du cercle intérieur;
- à 250 mètres s'il couvre le rayon;
- à 500 mètres s'il couvre le demi rayon.

2° S'il est vu par plein travers ....
- en deçà de 100 mètres s'il couvre le diamètre du cercle intérieur;
- à 200 mètres s'il couvre le rayon;
- à 350 mètres s'il couvre le demi-rayon.

Cet exercice, répété au cours de toutes les occasions favorables que la vie normale du pilote sur l'aérodrome permet de rendre particulièrement fréquentes, formera progressivement le tireur de capot à utiliser, de façon presque automatique, pour une appréciation des distances relativement, rapide et exacte, les données télémétriques du collimateur Chrétien grand modèle.

5° Les mêmes exercices d'appréciation des distances, combinés avec des exercices d'identification d'avions, sont effectués en utilisant comme objectifs des avions évoluant au-dessus du terrain d'exercice, d'abord à des distances connues (vols à altitudes déterminées et en cercle autour du groupe des tireurs), puis à des distances inconnues.

64. Appréciation des vitesses.

1° L'instructeur enseigne préalablement aux tireurs les vitesses moyennes dont les avions des divers types peuvent être animés en ligne de vol. Ces vitesses sont évaluées en kilomètres-heure et en mètres-seconde.

Au cours d'une première série d'exercices effectués avec des avions spécialement désignés volant horizontalement au-dessus du terrain, en cercle autour du groupe des tireurs et à *une distance maximum de 400 mètres*, l'instructeur fait noter, par les tireurs, les vitesses des avions considérés.

2° Il fait ensuite comprendre aux tireurs que ces vitesses sont susceptibles de variations sensibles selon le régime du moteur, d'une part, selon le genre de vol d'autre part. Il leur apprend, en particulier, que la vitesse d'un avion en cabré peut être assez exactement évaluée aux deux tiers de la vitesse normale du même avion en ligne de vol horizontal, et que la vitesse d'un avion en piqué croît très vite et peut atteindre en général les trois-demis de la vitesse en vol horizontal.

3° Il attire enfin, de façon particulière, l'attention des tireurs sur la nécessité, pour évaluer de manière aussi approchée que possible la vitesse d'un avion déterminé, de connaître non seulement la position de l'avion au moment considéré mais encore celle qu'il occupait à l'instant précédent.

Il leur fait remarquer, à ce sujet, qu'un avion qui commence un piqué ne possède pas encore la vitesse qu'il pourra atteindre au bout d'un certain temps et que, par contre, au début d'un léger cabré faisant suite à un piqué accusé l'avion est encore animé d'une vitesse supérieure à sa vitesse moyenne normale.

L'instructeur s'efforce de concrétiser cet enseignement en faisant observer, de terre, des avions évoluant au-dessus du terrain entre 1.000 et 600 mètres d'altitude au minimum (1) et passant successivement du vol horizontal au vol piqué, puis du vol horizontal au vol cabré, enfin du vol piqué au vol en léger cabré et réciproquement.

65. Entraînement à l'évaluation de la correction-but (avec emploi de l'appareil Perrin-Pelletier). — Les exercices d'entraînement à l'évaluation de la correction-but avec utilisation de l'appareil Perrin-Pelletier (2) sont conduits en supposant que le tireur de capot ne dispose pas d'appareil de visée. Ils forment le coup d'œil du pilote, lui font acquérir des notions précises sur l'importance des corrections-but à effectuer, le préparent à l'emploi rationnel du collimateur Chrétien grand modèle tout en le mettant à même de se défendre efficacement dans le cas où l'appareil de visée viendrait à lui faire défaut pour une cause quelconque (détérioration en cours de vol ou au combat, déréglage, buée ou projection d'huile sur la lentille, etc.).

1° Le tireur, tenant en main l'avion français, est placé à une certaine distance d'un aide portant l'avion ennemi. Cette distance est égale au centième de la distance supposée

(1) Pour des raisons de sécurité de pilotage.
(2) Voir Annexe IV. Description des matériels d'instruction.

de combat (soit 3 mètres pour une distance de combat de 300 mètres par exemple).

L'instructeur fait placer le nez de l'avion-but sur la graduation de la distance de combat indiquée sur la face de la tige-but relative à la vitesse supposée de l'avion-but (170 kilomètres par exemple). Il indique au tireur que la distance séparant le nez de l'avion-but de l'articulation des tiges représente la correction-but linéaire réduite au centième. Il lui fait remarquer que la correction-but angulaire (donnée par la valeur de l'angle : nez de l'avion-but-œilleton de l'avion-tireur, articulation des tiges) est la correction-but angulaire exacte.

La vitesse appréciée de l'avion-but est celle supposée réalisée par cet avion à l'instant précis du combat (vitesse en piqué, en cabré, en vol horizontal).

Les deux avions sont placés, l'un par rapport à l'autre, dans les positions respectives qui correspondent au cas de combat envisagé.

L'instructeur fait remarquer au tireur, regardant par l'œilleton de l'avion français, que l'articulation des tiges indique la position dans l'espace du point sur lequel devra être pointée l'arme pour atteindre l'ennemi qui sera parvenu à ce point au bout du temps t, durée de trajet de la balle pour la distance de combat considérée.

2° L'instructeur fait ensuite placer l'avion-but, non muni de sa tige-but, dans une orientation quelconque par rapport à l'avion-tireur toujours tenu par le tireur. L'instructeur fait apprécier :

— la distance de combat;

— la vitesse du but (en indiquant que l'avion-but est de tel ou tel type).

Puis, un aide, muni de la palette employée pour la constatation de la régularité du pointage (1), déplace celle-ci dans l'espace en obéissant aux indications du tireur. Il la tient immobile lorsque celui-ci, estimant que la palette est à l'endroit sur lequel l'arme doit être pointée, lui crie « stop ».

La tige-but est replacée; la correction-but est mesurée et l'erreur commise constatée puis commentée.

66. Instruction sur le mode d'emploi du collimateur Chrétien grand modèle. — Lorsque les tireurs de capot ont acquis une habileté suffisante dans l'appréciation à vue de la correction-but, l'instructeur, utilisant une mitrailleuse munie d'un collimateur Chrétien grand modèle préalablement réglé, dirige la croix centrale du réticule sur l'articulation des tiges d'un appareil Perrin-Pelletier préparé pour l'étude d'un cas de combat quelconque.

---

(1) Voir Instruction sur la pratique du tir du 1er septembre 1920.

Il fait remarquer aux tireurs :

— Que l'arme est dirigée sur le point à viser (articulation des tiges) quand la croix centrale du réticule est dirigée sur cette articulation ;

— Que le prolongement de l'axe du fuselage de l'avion-but vu à travers le collimateur passe par la croix centrale ;

— Que le nez de l'avion-but a une position bien déterminée par rapport à l'un des cercles concentriques gravés sur le réticule.

Il fait alors comprendre aux tireurs de capot que :

— Ces cercles constituent des guides pour effectuer convenablement la correction-but nécessitée par la vitesse de l'avion ennemi ;

— Le rayon de chacun des cercles correspond à la correction-but à faire pour atteindre un avion qui, vu à travers le collimateur le nez du moteur placé sur l'un des cercles, mettrait, pour parvenir au centre du réticule, un temps égal à celui mis par la balle pour aller de l'arme au but.

67. L'instructeur énonce ensuite les règles d'emploi du collimateur Chrétien grand modèle et exige qu'elles soient parfaitement connues de chacun des tireurs.

Ces règles établies pour les durées de trajet moyennes des diverses balles employées dans l'aviation et pour une distance de 200 mètres, peuvent être utilisées sans grosses erreurs pour des distances de tir de 50 à 400 mètres.

68. Règles d'emploi du collimateur. — Si l'avion est vu en bout, c'est-à-dire s'il vient directement ou s'il

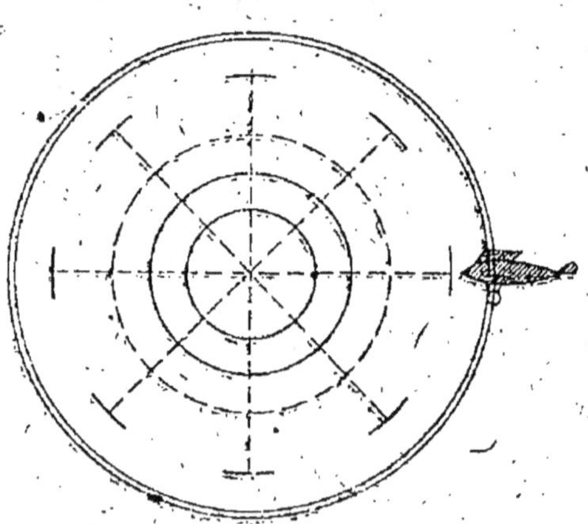

Fig. 14.

s'enfuit selon l'axe de marche du tireur, diriger la croix centrale du réticule sur l'avion puisqu'il n'y a pas lieu d'effectuer de correction-but (fig. 15).

3.

69. Si l'avion a une direction transversale par rapport à l'axe de marche du tireur, placer l'avion-but de façon qu'il paraisse se diriger vers le centre du réticule (fig. 15). Se servir à cet effet des éléments de rayons gravés sur le cercle.

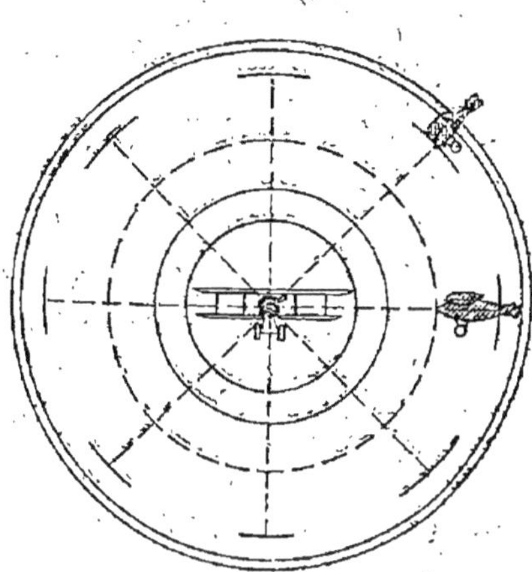

Fig. 15.

70. Apprécier en même temps et aussi rapidement que possible la vitesse et la distance du but ainsi que sa situation relative par rapport au tireur (de profil, de trois quarts, etc.).

71. Viser l'avion-but en le plaçant sur le cercle convenable selon les indications du tableau suivant *qui doivent être sues par cœur.*

POUR DES VITESSES D'AVIONS				PLACER
LENTES de 100 à 130 k.-h.	MOYENNES de 140 à 170 k.-h.	RAPIDES de 180 à 250 k.-h.	TRÈS RAPIDES de 240 à 280 k.-h.	L'AVION-BUT sur
Vu en bout, de trois quarts ou à 30°.	Vu en bout ou à 30°.	Vu en bout.	Vu en bout.	Croix centrale.
Vu de profil (à 90°).	Vu de trois quarts (à 45°).	Vu à 30°...	Vu à 30°...	Cercle intérieur.
	Vu de profil.	Vu de trois quarts.	Vu à 30°...	Cercle n° 2.
		Vu de profil.	Vu de trois quarts.	Cercle n° 3.
			Vu de profil.	Cercle n° 4.

72. Plus le fuselage paraît raccourci, plus l'avion doit être rapproché du centre.

73. Ne jamais viser en plaçant l'œil à moins de o m. 10 de l'oculaire ou à plus de o m. 15.

74. *Viser toujours avec les deux yeux ouverts* et en apervant tous les cercles du réticule.

L'instructeur fait vérifier avec l'appareil Perrin-Pelletier, par chacun des tireurs de capot, l'exactitude des règles précédentes et fait connaître les erreurs qui pourraient résulter de leur non-observation ou de leur observation incomplète.

75. Exercices de visée sur avions-maquettes [avec emploi du collimateur Chrétien grand modèle monté sur maquette de mitrailleuse (1)]. — Ces exercices, d'une importance toute particulière pour la formation du tireur de capot, permettent à la fois, au cours d'un même exercice, d'entraîner les pilotes à :

— identifier l'avion-but;

— déterminer sa position relative dans l'espace;

— évaluer sa vitesse en fonction de son type et de sa position de vol;

— apprécier la distance de tir;

— déterminer le cercle du collimateur sur lequel il convient de placer l'avion-but, compte tenu de sa situation, de sa distance et de sa position relative dans l'espace;

— effectuer des exercices de visée sous le contrôle de l'instructeur.

76. L'entraînement au tir aérien que permet l'utilisation de l'avion-maquette ne peut être complet que s'il est pratiqué suivant une méthode logique :

1er EXERCICE. — L'avion-maquette, réduction au 1/20e et aussi exacte que possible d'un avion réel, est placé en ligne de vol horizontal, et supposé animé d'une vitesse de 170 kilomètres-heure. L'avion-maquette (d'abord vu en bout, puis de profil et enfin de trois quarts avant, trois quarts arrière, etc.) est placé à une distance constante et connue : 10 mètres par exemple, pour une distance réelle de combat de 200 mètres. La tige-but est manœuvrée de manière que la graduation de cette tige qui, sur la face relative à la vitesse supposée de l'avion-but indique la distance de combat, affleure le nez de l'avion-maquette.

L'instructeur fait diriger la croix centrale du réticule sur

---

(1) Voir Annexe III Dotation en matériel d'instruction.

la boule de la tige-but et noter le cercle du réticule sur lequel apparaît le nez de l'avion-maquette.

2° EXERCICE. — Après un certain entraînement à cet exercice, l'instructeur place l'avion-maquette à la même distance et le suppose animé de la même vitesse que précédemment; mais il enlève *complètement* la tige.

Il demande à chacun des tireurs de pointer par visée directe sur l'avion-maquette en plaçant le nez de celui-ci sur le cercle estimé convenable.

L'instructeur vérifie chaque pointage en replaçant la tige de l'avion-maquette. Il note l'écart existant entre la position réelle de la boule et la position que cette boule devrait occuper pour que la croix centrale du réticule soit effectivement pointée sur elle. Il commente les erreurs commises.

3° EXERCICE. — L'instructeur répète l'exercice n° 2, pour toutes les distances de combat, en prenant soin d'indiquer au tireur la distance à laquelle l'avion-maquette est placé.

4° EXERCICE. — Répéter l'exercice n° 3 en ne donnant aucune indication au tireur quant à la distance de combat de l'avion-maquette.

5° EXERCICE. — Répéter l'exercice n° 4 en maintenant toujours l'avion-maquette en vol horizontal mais en lui supposant soit la vitesse 240 kilomètres-heure, soit la vitesse 300 kilomètres-heure.

6° EXERCICE. — Répéter l'exercice n° 4 en supposant à l'avion-maquette une vitesse horizontale de 240 kilomètres-heure et en lui donnant une ligne de vol quelconque (piqué ou cabré).

Si l'avion est en piqué, contrôler la valeur de la correction-but estimée en se servant de la réglette graduée pour 300 kilomètres-heure; si l'avion est en cabré, utiliser la face graduée pour 170 kilomètres-heure.

7° EXERCICE. — Répéter l'exercice n° 6 en plaçant l'avion-maquette dans divers plans de façon à le faire voir par en dessus, par en dessous, etc.

77. NOTAS. — *a.* Au cours des exercices prévus au paragraphe 2., la tige doit toujours être retirée complètement et non pas seulement enfoncée dans l'avion-maquette afin d'éviter que la tige, sortant derrière le fuselage, aide le tireur à apprécier la direction de la correction-but.

b. Dans la première leçon, l'instructeur doit laisser à l'élève beaucoup de temps pour pointer; mais, par la suite, ce délai doit être réduit à deux et même une seconde;

c. L'instructeur pourra tirer le maximum de profit de ces exercices si, disposant de plusieurs types d'avions-maquettes, il joint à l'exercice de pointage proprement dit, l'exécution d'exercices d'identification d'avions, d'appréciation des distances et des vitesses ainsi que des exercices de pointages rapides sur les diverses maquettes placées à des distances différentes et dans toutes positions possibles de vol.

d. L'instructeur *doit toujours contrôler chaque visée et faire constater les erreurs commises* en indiquant pourquoi elles ont été commises.

78. Exercices de visée sur avions en vol. — Dès que les tireurs de capot ont fait preuve, au cours des exercices sur avions-maquettes, de connaissances suffisantes dans l'emploi du collimateur Chrétien grand modèle, ils sont entraînés à effectuer des exercices de visée sur avions en vol.

Le tireur de capot utilise un collimateur Chrétien monté sur une mitrailleuse Vickers et réglé par parallélisme pour la portée de 400 mètres (1). L'arme est placée sur tourelle de façon à permettre au viseur de suivre les évolutions des avions visés.

L'instructeur fait évoluer au-dessus du terrain d'atterrissage, en vol horizontal et en cercle autour du groupe des tireurs, des avions de divers types : Nieuport, Bréguet, Potez par exemple, d'abord à des distances connues, puis à des distances inconnues variant entre 200 et 400 mètres.

Chacun des tireurs indique à haute voix :

— le type de l'avion visé,

— sa distance,

— sa vitesse,

— le cercle du collimateur sur lequel il le place pour effectuer la correction-but.

79. Ces exercices de visée présentent une importance capitale. Ils entraînent les tireurs à la prise rapide de la ligne de visée et contribuent grandement à la formation des réflexes visuels du tireur de capot.

Instruction préparatoire en vol.

80. Le pointage de l'armement de capot est obtenu par la manœuvre de l'avion. Pour être bon tireur de capot, il est donc indispensable d'être bon pilote, c'est-à-dire de savoir avec précision et très grande rapidité, prendre et conserver la ligne de visée dans toutes positions de vol, en se servant des commandes de direction et de profondeur et de la manette des gaz.

---

(1) Voir Annexe II. — Réglage des armes et des appareils de visée.

— 55 —

80 *bis*. Cette liaison étroite entre la manœuvre et le tir exige, de la part du pilote, des qualités particulières acquises ou développées au cours de nombreux exercices de visée en vol. Mais ceux-ci ne seront réellement utiles qu'autant que le tireur de capot aura pu y apporter toute son attention et toute sa volonté.

Il y aura lieu, en conséquence, de l'entraîner d'abord :

A. A effectuer aisément en vol et de façon quasi-automatique les diverses manœuvres relatives à l'armement (armer, réarmer, désenrayer);

B. A déterminer avec exactitude et rapidité les divers facteurs de la visée (distance, situation relative et vitesse de l'objectif).

Au cours de cet entraînement préalable, le tireur de capot se perfectionne d'ailleurs dans le pilotage de son avion. Il aborde ainsi l'exécution des exercices de visée en vol dans des conditions de préparation qui lui permettent la liberté d'esprit nécessaire pour en tirer tout le profit désirable.

A. Manœuvre de l'armement en vol.

81. Les exercices de manœuvre de l'armement sont effectués avec emploi de cartouches à blanc. Le tireur de capot est conduit progressivement à effectuer en vol, *sans aucune préoccupation de visée*, des rafales de durée variable et à remédier, en tenue de vol (gants fourrés, lunettes, sac dorsal de parachute) aux incidents de tir qui peuvent être résolus en vol.

82. L'instructeur rappelle aux tireurs de capot que, lorsqu'un arrêt de tir se produit, ils doivent :

a. S'assurer avant toute chose de la position du levier d'armement ;

b. Ne jamais manœuvrer le levier de *réarmement* si le levier d'armement n'a pas son bouton sur le déclic.

Lorsque le tir s'arrête :

1° *Le levier d'armement presque à fond sur le déclic.*

Causes : Bourrelet trop gros, ressort de récupération trop faible, cartouche mal présentée (peut quelquefois se désenrayer).

Remède : Frapper fortement sur le levier d'armement, reprendre le tir si le levier est revenu sur le déclic.

2° *Levier à 35°.*

Cause : Cartouche trop grosse.

Remède : L'éjecter en se servant du levier d'armement, laisser revenir le levier d'armement en avant, armer au levier de réarmement.

3° Levier à 90°.

Causes : Ressort récupérateur trop tendu, butée de pointe (cartouche trop longue).

Remède : Ramener le levier d'armement vers l'arrière, l'abandonner et reprendre le tir.

4° Le levier d'armement est à sa place.

Cause : Défaut de percussion.

Remède : Réarmer au levier de réarmement.

L'instructeur provoque, à sa guise, un ou plusieurs arrêts de tir par l'emploi de bandes comprenant, soit quelques cartouches à blanc, soit quelques cartouches réelles rebutées au calibrage ou rendues inertes.

B. Évaluation en vol des divers facteurs de la visée

a. Identification en vol des avions et appréciation de leurs vitesses.

83. Le tireur de capot est exercé, au cours de vols d'entraînement, à identifier tous avions aperçus.

A cet effet, le tireur prend part à des vols en peloton avec d'autres pilotes particulièrement aptes à l'identification des avions. Il note les caractéristiques, la situation dans l'espace, la position de vol et la vitesse des avions qu'il a pu observer.

84. A l'atterrissage, l'instructeur s'aidant, s'il y a lieu, des explications des autres pilotes, commente les remarques faites et rectifie les erreurs commises. Il fait noter les déformations apparentes que peuvent prendre, par suite de la situation relative de l'avion observé ou par suite de l'éclairement, certaines des caractéristiques notées lors des exercices au sol (article 62). Il fait observer qu'un tireur apercevant un autre avion par le dessus ou le dessous peut déterminer la position de vol de cet avion (en piqué, en cabré, en vol horizontal) et par conséquent sa vitesse, en tenant compte de la variation de ses dimensions apparentes ; ainsi l'avion pique quand, situé au-dessous et sensiblement à la verticale de l'avion du tireur, ses dimensions apparentes diminuent ou si, étant situé au-dessus et sensiblement à la verticale de l'avion tireur, ses dimensions apparentes augmentent, etc.

85. L'instructeur s'attache enfin à faire comprendre la nécessité, pour obtenir une identification certaine et rapide dans toutes les circonstances, d'un entraînement personnel constamment pratiqué au cours de tous vols d'entraînement, d'exercice ou de manœuvre.

Il saisit toutes occasions favorables que présentent, en particulier, les exercices d'entraînement au vol en peloton pour former les tireurs à l'observation des divers avions aperçus.

Il les interroge après l'atterrissage et commente les erreurs commises.

b.. *Appréciation en vol des distances.*

86. L'entraînement à l'appréciation des distances en vol doit faire l'objet de l'attention toute particulière de l'instructeur.

87. Celui-ci, ayant préalablement donné au tireur toutes explications et indications utiles, prend place dans un avion bi ou monoplace et décolle en même temps que le tireur de capot pilotant son propre appareil. Les deux avions volent à 5o mètres l'un de l'autre, en profondeur et en largeur, jusqu'à ce qu'une altitude de sécurité soit atteinte (5oo à 6oo mètres).

L'instructeur baisse alors le bras ou balance son avion d'une aile sur l'autre. A ce signal, le tireur se place à la hauteur de l'avion de l'instructeur et augmente la distance le séparant, en largeur, de cet avion.

L'instructeur utilisant, au besoin, une stadia constituée soit par une petite tige de bois sur laquelle il aura préalablement pratiqué des encoches encadrant respectivement à 1oo, 2oo, 3oo et 4oo mètres la longueur du fuselage d'un avion du même type que celui piloté par le tireur, soit par des repères convenablement placés sur son avion et remplissant le même office, lève à nouveau le bras ou balance à nouveau son avion d'une aile sur l'autre dès que la distance le séparant du tireur est sensiblement égale à 1oo mètres.

Le tireur, apercevant ce signal, vole alors parallèlement à l'instructeur, observe minutieusement l'avion de celui-ci et note les détails qu'il distingue et qui sont, pour lui, caractéristiques de la distance.

88. L'instructeur vole en ligne droite pour faciliter l'observation du tireur. Quand il juge que ce dernier a eu le temps de faire toutes remarques utiles, il le fait éloigner, par le même procédé que précédemment, à 2oo, puis à 3oo et 4oo mètres et enfin au-delà de 4oo mètres. Le tireur note tous les détails qui demeurent ou cessent d'être visibles au fur et à mesure de l'augmentation de la distance.

A l'atterrissage, le tireur rend compte de ses observations.

89. L'instructeur commente celles-ci. Il fait comprendre au tireur la nécessité de retenir parfaitement les remarques qu'il a faites; il insiste sur l'importance d'un entraînement personnel constamment poursuivi au cours de tous exercices en vol.

90. L'instructeur varie les exercices d'appréciation des distances en vol, soit en imposant à l'avion tireur des altitudes différentes, soit en prescrivant un échelonnement en profondeur.

91. Enfin, le tireur de capot est entraîné à effectuer en vol horizontal, sur des avions volant à même altitude et en ligne droite le long d'un itinéraire imposé, des tirs photographiques à des distances fixées : 200, 300 et 400 mètres (1).

Le tireur de capot, dès qu'il se croit à la distance de tir imposée par l'instructeur, place, *sans se préoccuper de la correction-but* (2), la croix centrale du réticule sur l'avion-but et déclenche l'obturateur de la mitrailleuse photo.

Le cliché obtenu est développé et contrôlé au restituteur de films (3), qui fait connaître le sens et la grandeur des erreurs commises dans l'appréciation de la distance.

c) *Exercices de visée en vol.*

92. Ces exercices comprennent des exercices de visée :
- sans correction-but,
- avec correction-but.

93. Exercices de visée sans correction-but. — Ces exercices s'exécutent :

1° Sur objectif aérien;
2° Sur objectif à terre.

1° *Sur objectif aérien.*

94. L'objectif aérien utilisé est un parachute en papier (4) dont la très faible vitesse de déplacement ne nécessite aucune correction-but.

---

(1) La distance minimum à fixer au début ne doit pas être inférieure à 300 mètres pour éviter tous accidents.
(2) Voir annexe IV (article 6). Mitrailleuse photographique placée sur capot.
(3) Voir annexe IV (paragraphe c).
(4) Voir Annexe III, Dotation en matériel d'instruction et Annexe V, Confection et emploi des objectifs.

95. Le but des exercices de visée effectués sur cet objectif est d'habituer le tireur à prendre la ligne de mire (croix centrale du réticule) et à la maintenir sur l'objectif, au cours d'évolutions diverses en vol.

96. Ces exercices s'exécutent de préférence à proximité d'un terrain propice à l'atterrissage, situé assez loin du terrain principal, afin de laisser à l'avion-tireur toute facilité de manœuvre sans risquer de gêner le travail normal des avions évoluant au-dessus du terrain principal de la formation.

Le tireur emporte deux parachutes à bord et lâche l'un d'eux à 1.000 ou 1.500 mètres d'altitude en tenant compte de la direction des vents (1) de façon que le parachute tombe, autant que possible, vers le terrain auxiliaire. Il exécute des visées sur cet objectif en se plaçant dans la position de vol prescrite. Il évite soigneusement de rencontrer le parachute (dont le sac lesté pourrait être cause d'accidents) et ne perd jamais de vue le terrain d'atterrissage.

Il y a lieu, pour des *raisons de sécurité de pilotage, de cesser les visées à une altitude minimum de 500 mètres.*

97. Le tireur reprend ensuite l'altitude prescrite, lâche le second parachute et continue l'exercice dans les mêmes conditions.

98. Le tableau ci-dessous donne la progression à suivre au cours des exercices de visée en vol.

ALTITUDE de LÂCHÉ du parachute.	ALTITUDE MINIMUM.	POSITIONS DE VOL à observer au moment de la visée.	NOMBRE de PARACHUTES par séance.	NOMBRE de SÉANCES.	OBSERVATIONS.
1.000	500 m.	Horizontal......	2	4	(1) Pour pilotes de monoplace ou chasse-biplace.
1.000	500 m.	Piqué léger......	2	4	
1.000	500 m.	Piqué accusé ...	2	4	
1.500	500 m.	Cabré...........	3	4	
1.500	500 m.	En chandelle après renversement, looping, etc. (1).	2	4	

(1) Obtenue par sondage.

2° Sur objectif à terre.

99. Au cours des exercices de visée effectués sans correction-but sur objectif à terre, le pilote dirige la croix du réti-

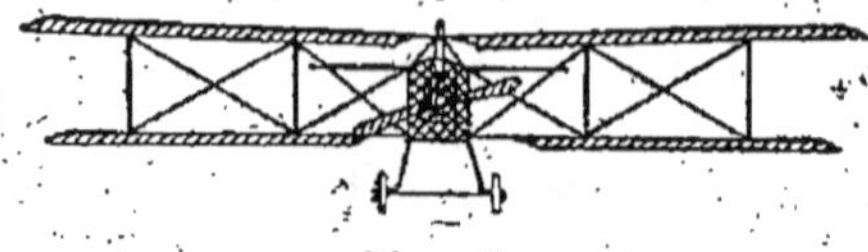

Fig. 16.

cule sur le centre d'un objectif constitué par une cible représentant, en vraie grandeur, un avion vu de face (fig. 16).

100. Ces exercices préparent le pilote à l'exécution des tirs aériens d'instruction.

101. Exercices de visée avec correction-but. — Ces exercices se font : sur objectif à terre et sur objectif aérien mobile.

1° Sur objectif à terre.

102. L'objectif est constitué soit par un avion réformé placé sur le sol en ligne de vol, soit par une silhouette d'avion vu en plan (fig. 17) [1].

L'axe longitudinal du fuselage de l'avion-but est orienté

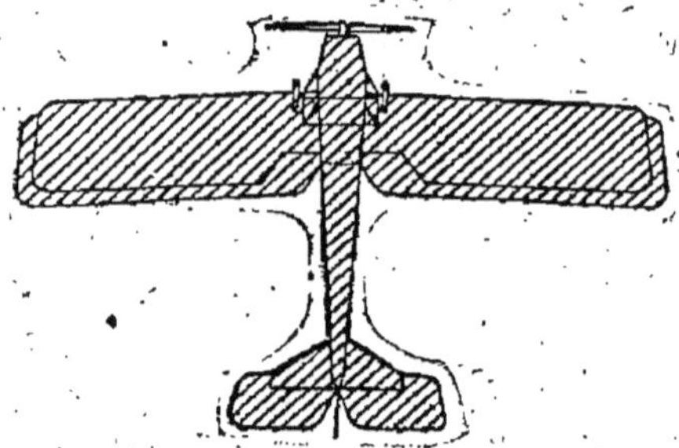

Fig. 17.

dans une direction quelconque par rapport à l'axe de route imposé aux avions tireurs.

L'objectif est toujours placé sur un point du sol tel que le tireur pourra facilement se poser sur le terrain d'atterrissage et dans le sens convenable, au cas où des difficultés quelconques lui commanderaient d'atterrir en fin de piqué.

Le pilote doit placer et maintenir sur un point convenable

---

[1] Cible utilisée pour les tirs aériens réels sur avion-cible, grandeur naturelle, supposé mobile.

du réticule la silhouette de l'avion-but. Les premiers exercices sont exécutés par temps clair et calme; les exercices suivants sont effectués par temps quelconque et sur objectifs rendus moins visibles soit par camouflage, soit par suite du choix de l'heure de l'exercice (aube, crépuscule).

103. L'instructeur veille attentivement à ce que ces exercices soient pratiqués avec prudence. Le pilote ne doit pas faire de piqués supérieurs à 45 degrés avec un monoplace; à 3o degrés avec un biplace.

Le régime du moteur doit être réduit pour permettre de maintenir facilement l'avion en descente et rendre la visée plus commode.

Les visées doivent cesser à une altitude minimum imposée par des conditions de sécurité.

Cette altitude dépend du type de l'avion et de l'inclinaison du piqué.

POUR UN PIQUÉ DE :	ALTITUDE MINIMUM.	DISTANCE CORRESPONDANTE DE LA CIBLE.
45 degrés.........	100 mètres........	15o mètres environ.
3o degrés.........	75 mètres........	*Idem.*
2o degrés.........	5o mètres........	*Idem.*

2° Sur objectif aérien mobile.

104. Les exercices de visée sur objectif aérien mobile entraînent le tireur de capot à la manœuvre précise de son avion en contribuant grandement à la formation indispensable des réflexes combinés de pilotage et de tir.

105. L'instructeur fait varier progressivement les difficultés de la visée par le choix du type d'avion utilisé comme objectif et par le choix du mode d'attaque imposé.

Par exemple :

Objectif.. { Altitude constante et itinéraire rectiligne pour tous les exercices.
Biplace, puis monoplace.

avion-tireur { Peut évoluer en direction et en altitude.
— attaque en vol horizontal, puis en cabré, puis en piqué.
— Angle de route par rapport à l'objectif : 1o° (attaque par derrière).
puis 3o et 45° (attaque 3/4 arrière),
puis 9o° (attaque par le travers),
et enfin attaque 3/4 avant.

106. Les exercices de visée sur objectif aérien mobile exigent de la part du tireur de capot une grande prudence et l'observation rigoureuse des consignes et prescriptions données par l'instructeur pour éviter toutes possibilités d'accidents.

En particulier, l'instructeur impose la position que l'avion-tireur devra avoir par rapport à l'avion-but au moment de la visée. Au début, la distance minimum qui sépare l'avion-tireur de l'avion-but ne doit pas être inférieure à 200 mètres pour les attaques faites par l'arrière ou 3/4 arrière et à 300 mètres pour les attaques faites par le travers ou par l'avant. L'instructeur diminue progressivement ces distances suivant l'entraînement, l'habileté et le caractère du pilote de l'avion-tireur. Elles doivent, en tout cas, rester supérieures à 50 mètres pour les attaques par l'arrière et à 150 mètres pour les attaques par le travers ou par l'avant.

107. Les exercices de visée en vol sur objectif aérien mobile sont exécutés avec tirs à blanc et contrôlés par tirs photographiques toutes les fois que l'instructeur le juge utile.

108. En dehors des exercices prévus à l'emploi du temps de l'unité, les tireurs de capot profitent de toutes occasions favorables pour s'exercer à des visées en vol, soit sur des objectifs au sol, soit sur les avions qu'ils rencontrent. Dans ce dernier cas et pour éviter tous accidents, *il est formellement prescrit au tireur de capot de cesser la visée dès que la distance le séparant du but qu'il a choisi est voisine de 300 mètres.*

109. *Ces exercices de visée sont rigoureusement interdits à tous tireurs de capot commandés pour l'exécution d'un tir réel et momentanément munis de cartouches réelles.*

CHAPITRE II.

TIRS D'INSTRUCTION.

110. Le tireur de capot doit exécuter ses premiers tirs dans les meilleures conditions afin qu'il n'en garde aucune mauvaise impression.

Les premiers tirs à terre s'exécutent en tenue de travail; l'instructeur fait prendre la tenue de vol (gants fourrés, lunettes) dès qu'il le juge nécessaire.

Les tirs aériens sont toujours exécutés en tenue de vol.

111. Tout tir médiocre doit être suspendu, les causes recherchées puis corrigées au cours d'exercices appropriés et prévus à l'instruction préparatoire au sol ou à l'instruction préparatoire en vol.

112. *Chaque tireur ne doit exécuter que le genre de tir qui correspond à son degré d'instruction.*— Tout tireur qui exécute un tir insuffisant ne peut recommencer ce tir qu'une seule fois dans la même séance.

113. Les tirs sont toujours exécutés avec des armes et des appareils de visée dont le réglage aura été *préalablement vérifié* par le tireur lui-même.

Le directeur du tir fait immédiatement enregistrer les tirs sur le carnet individuel du tireur et indique la valeur du tir. *Il fait passer l'inspection des armes après l'exécution du tir pour s'assurer qu'aucune mitrailleuse n'est demeurée chargée et, en ce qui concerne les tirs aériens, qu'il ne reste pas de cartouches dans les boîtes à cartouches.*

114. Les tirs d'instruction comprennent :

A. des tirs à terre.	*a)*	Tirs réels à distance réelle à la mitrailleuse.
	b)	Tirs (réels ou réduits) à distance réduite sur avion-maquette grandeur réduite.
B. des tirs aériens.	*a)*	Tirs aériens réels sur avions-cibles grandeur réelle.
	b)	Tirs photographiques sur objectifs aériens.

115. Les tirs réels à distance réelle sont effectués dans les champs de tir pour mitrailleuse d'infanterie; les tirs à distance réduite sur avion-maquette grandeur réduite sont exécutés au stand spécial décrit à l'annexe IV (Description du matériel d'inscription).

Les tirs aériens réels sont effectués dans les champs de tir aériens voisins des garnisons des formations d'aviation.

Les tirs aériens photographiques peuvent être exécutés partout.

115 *bis.* Les formations qui ne disposent, ni fréquemment, ni aisément, de champ de tir pour tirs aériens réels, effectuent avec mitrailleuses photographiques les tirs prévus au tableau III de la page 75.

Les objectifs utilisés sont semblables à ceux employés pour l'exécution des tirs réels, mais sont rendus très visibles (panneaux noirs sur fond blanc, par exemple) pour permettre la prise de photographies très nettes rendant facile le travail de restitution et de notation du tir photographique.

A. Tirs à terre.

a) Tirs réels à distance réelle.

116. Ces tirs sont effectués avec une mitrailleuse Vickers de tir à terre placée sur trépied omnibus muni du support intermédiaire.

Ils sont exécutés en utilisant l'appareil de visée (collimateur Chrétien grand modèle) et ont pour but de confirmer les tireurs dans la précision du pointage et dans l'habileté à la manœuvre de l'arme, acquise au cours des tirs de fonctionnement.

Le trépied est bloqué après pointage afin de se rapprocher des conditions d'exécution du tir de capot.

Les rafales sont courtes et espacées; les bandes à maillons sont garnies avec des cartouches réelles et des cartouches inertes ou rebutées au calibrage afin d'obliger le tireur de capot à réarmer fréquemment.

Le tireur de capot applique, sans hâte, les bons principes précédemment acquis, puis, au cours de tirs exécutés au commandement, cherche à obtenir une rapidité d'exécution croissante, sans précipitation.

117. Les tirs sont exécutés aux distances comprises entre 100 et 400 mètres et ne comportent que des tirs au but. L'appareil de visée est, au préalable, réglé par convergence, pour la distance de tir.

118. Les objectifs sont constitués par des figuratifs représentant schématiquement un avion vu de face, dont les dimensions sont les suivantes :

Envergure : 2 mètres.

Hauteur : o m. 70.

Ces figuratifs, qui comportent un cercle visuel noir dont le diamètre est égal aux 3/1.000ᵉˢ de la distance, sont dessinés

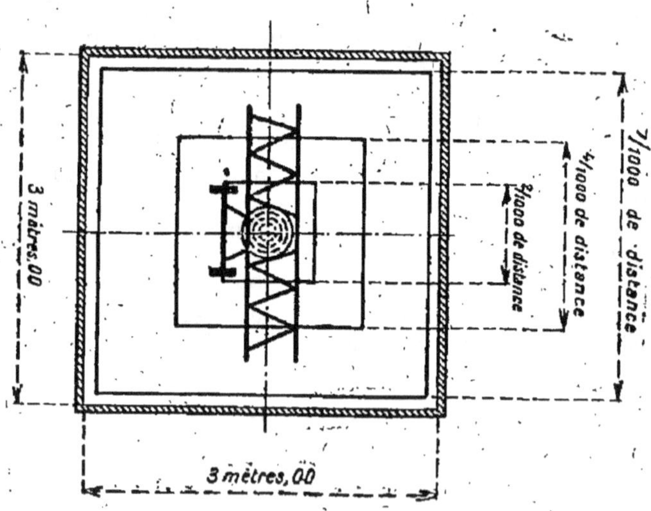

Fig. 18.

au pochoir sur une cible carrée de 3 mètres de côté, sur laquelles sont tracés trois carrés dont les côtés sont respectivement égaux aux : 2/1000, 4/1000, et 7/1000 de la distance du tir (1) figure 18.

119. On compte 1, 2 ou 3 points suivant que la balle a atteint la zone limitée par le carré extérieur et le carré intermédiaire, la zone comprise entre le carré intermédiaire et le carré intérieur ou la zone limitée par le carré intérieur.

Tout impact touchant le tracé d'un carré est compté comme étant à l'intérieur de ce dernier.

Seules les balles de plein fouet comptent.

120. Le tableau n° 1 donne la série des tirs réels à distance réelle à effectuer.

TABLEAU N° I.

Tirs réels à distance réelle avec mitrailleuse Vickers pour tirs à terre.

N° DES TIRS.	DISTANCE.	GENRE DE TIR.	OBJECTIF.	NOMBRE de CARTOUCHES.	CONDITIONS MINIMA, à remplir pour passer au tir suivant.
1	100m.	Par rafales à volonté.	Cible de 3 m. × 3 m. Figuratif d'avion de 2 m. × 0 m. 70. Visuel de 0 m. 30 de diamètre.	30 ordinaires. 10 traçantes.	6 balles dans le plus grand rectangle.
2	200m.	*Idem.*	Mêmes cible et figuratif. Visuel de 0 m. 60 de diamètre.	*Idem.*	*Idem.*
3	300m.	*Idem.*	Mêmes cible et figuratif. Visuel de 0 m. 90 de diamètre.	*Idem.*	8 balles dans le plus grand rectangle.
4	400m.	Par rafales au commandement du directeur du tir.	Mêmes cible et figuratif. Visuel de 1 m. 20 de diamètre.	*Idem.*	6 balles dans le plus grand rectangle.

b) Tirs réels à distance réduite sur avions-maquettes grandeur réduite (2).

121. Ces tirs sont effectués au stand spécial. Ils ont pour

---

(1) La dispersion de la mitrailleuse Vickers placée sur avion (moteur arrêté) est de 2 millièmes de la distance pour le tir coup par coup, de 4 millièmes pour le tir par rafales de 3 à 4 coups, et de 6 à 7 millièmes pour les rafales de 10 à 12 coups.

(2) L'annexe IV, § 5, donne toutes indications sur le matériel et les pro-

but d'habituer le tireur de capot à exécuter des tirs réels avec correction-but en appliquant convenablement les principes acquis au cours de l'instruction technique.

Ils constituent une excellente préparation aux tirs aériens et permettent, avant l'exécution des tirs réels en avion, le contrôle nécessaire de la valeur de l'instruction reçue par les tireurs de capot.

122. Les tirs réels à distance réduite sur avions-maquettes grandeur réduite comportent :

— l'identification d'un avion-maquette représentant soit au 1/10e, soit au 1/15e ou au 1/20e et aussi exactement que possible, un type d'avion en service;

— l'appréciation des dimensions apparentes de l'avion-maquette en fonction de la distance de tir;

— l'appréciation de la vitesse supposée de l'avion-maquette en fonction de son type et de sa position de vol (vol horizontal, vol en piqué, vol en cabré);

— l'évaluation de la correction-but à effectuer.

123. Il est à noter que la correction-but angulaire à effectuer dans l'exécution d'un tir sur un avion-maquette déterminé est exactement celle à réaliser sur un avion réel de même type ayant la même situation dans l'espace, situé à la distance de combat représentée, à l'échelle, par la distance de tir et animé de la vitesse supposée.

124. Le tireur de capot exécute toujours en tenue de vol (gants, lunettes, et sac dorsal de parachute) les tirs réels à distance réduite sur avion-maquette.

Ces tirs, pour des raisons d'économie de cartouches, sont effectués avec une seule mitrailleuse Vickers montée sur carlingue spéciale (1) permettant au tireur de capot de pointer l'arme en se servant du manche à balai et du palonnier.

La mitrailleuse Vickers est munie d'un collimateur Chrétien grand modèle réglé par convergence pour la distance exacte de tir.

---

cédés d'instruction à utiliser pour effectuer des tirs réels (ou à l'arme de tir réduit) à distance réduite sur avions-maquettes grandeur réduite.

Le présent chapitre a été rédigé en admettant le cas le plus favorable, c'est-à-dire les formations disposant d'un stand permettant les tirs réels à distance réduite. Il arrivera plus fréquemment que les formations n'auront pas de stand suffisant ; dans ce cas, tous les tirs réels à distance réduite prévus au chapitre ci-dessous peuvent être remplacés par des tirs avec l'un des dispositifs exposés au § 5 de l'Annexe IV précitée.

Les formations non encore dotées du matériel d'instruction décrit à l'Annexe IV, § 5 effectuent les tirs prévus, sur avions-cibles et avec une arme de tir réduit. (Se reporter pour leur exécution à la notice S. T. Aé 313 — 500 A.)

(1) Voir Annexe IV.

125. Les tirs sur avions-maquettes grandeur réduite comprennent des tirs à volonté et des tirs à durée limitée.

126. Pour les *tirs à volonté*, le directeur du tir ayant fait démasquer l'avion-maquette fait énoncer à haute voix par le tireur de capot les données du tir :

— distance de combat (exemple : 300 mètres);

— vitesse supposée (en fonction de la position de vol);

— cercle du collimateur sur lequel il place le nez de l'avion-maquette.

Le tireur pointe ensuite son arme par la manœuvre convenable du manche à balai et du palonnier de la carlingue spéciale. Il exécute le tir par rafales très courtes de 2 à 3 cartouches en manœuvrant sa carlingue entre les rafales pour ramener le nez de l'avion-maquette sur le cercle de visée si les trépidations de l'arme ont dérangé le pointage.

Le directeur du tir fait disparaître la maquette dès que le tireur du capot a terminé son tir. Le marqueur relève le résultat du tir. Il compte deux points par balle ayant atteint le grand cercle tracé sur le carton récepteur et représentant, à l'échelle de la maquette, la projection, sur le plan du carton, de la sphère contenant les principales parties vulnérables de l'avion-but (1).

Il inscrit le résultat sur le carnet individuel de tir.

127. Pour les *tirs à temps limité*, le directeur de l'exercice ayant fait placer le tireur de capot dans une direction légèrement oblique par rapport à celle du tir, prévient le tireur qu'il dispose de 10 secondes pour l'exécution du tir.

Au signal du directeur du tir, le marqueur fait apparaître la maquette; le tireur apprécie mentalement la vitesse de l'objectif, détermine rapidement la grandeur de la correction à effectuer, pointe son arme par la manœuvre convenable du manche à balai et du palonnier, et exécute son tir, sans précipitation, par rafales courtes et ajustées.

Dix secondes après l'apparition de la maquette, le marqueur fait tomber le rideau qui la cache; le tireur arrête instantanément le tir.

La notation du tir à temps limité se fait de la même façon que pour le tir à volonté, mais trois points (2) sont comptés par balle ayant atteint le grand cercle tracé sur le carton récepteur.

128. Le tableau n° 2 donne la série des tirs réels à distance réduite à effectuer sur avions-maquettes.

---

(1) Lorsque le tir sur avion-maquette est effectué avec emploi du dispositif pour tir réduit (voir annexe IV) on compte 3 points par balle ayant atteint le grand cercle tracé sur le carton récepteur.

(2) Quatre points quand le tir est effectué avec le dispositif pour tir réduit.

TABLEAU N° II.

TIRS DE CAPOT.

Tirs réels à distance réduite sur avions-maquettes grandeur naturelle.

N° DES TIRS.	GENRE DE TIR.	NOMBRE do CARTOUCHES.	CONDITIONS MINIMA à réaliser pour passer d'un tir au tir suivant.
	1° TIRS A VOLONTÉ.		
	a) *Avion-maquette en vol horizontal* (1).		
5	Vu par le travers et à la même altitude que le tireur.	10	1 balle dans le grand cercle tracé sur le carton récepteur (2).
6	Vu de 3/4 avant et à la même altitude que le tireur.	10	
7	Vu de 3/4 arrière et à la même altitude que le tireur.	10	
8	Vu par le travers et à plus haute altitude que le tireur.	10	
9	Vu de 3/4 avant et à plus haute altitude que le tireur.	10	
10	Vu de 3/4 arrière et à plus haute altitude que le tireur.	10	
11	Vu par le travers et à plus basse altitude que le tireur.	10	
12	Vu de 3/4 avant et à plus basse altitude que le tireur.	10	
13	Vu de 3/4 arrière et à plus basse altitude que le tireur.	10	
	b) *Avion-maquette en cabré ou en piqué.*		
14	Vu par le travers et à même altitude que le tireur.	10	
15	Vu de 3/4 avant ou de 3/4 arrière et à même altitude que le tireur.	20	
16	Vu par le travers et à plus haute ou plus basse altitude que le tireur.	20	
17	Vu de 3/4 avant et à plus haute ou plus basse altitude que le tireur.	20	
18	Vu de 3/4 arrière et à plus haute ou plus basse altitude que le tireur.	20	
	2° TIRS A TEMPS LIMITÉ.		
de 19 à 23	Mêmes tirs que ceux prévus aux numéros 8, 11, 13, 15, 18.	100 à raison de 20 cartouches pour chacun des tirs nᵒˢ 19, 20, 21, 22, 23.	

(1) Se reporter à l'annexe IV (S C) pour tous les détails relatifs à l'emplacement des tireurs, de l'avion-maquette et des cartons récepteurs.

(2) 7 balles de tir réduit (ou un chargeur de pistolet ou 7 balles de carabine 6 millimètres) sont allouées par tir pour le tir avec dispositif de tir réduit (même condition minimum pour passer d'un tir au tir suivant).

B. Tirs aériens réels.

129. Les tirs aériens réels constituent des exercices d'application relatifs à toute l'instruction technique reçue à terre et en vol :

Le pilote doit à la fois évaluer la correction, à effectuer manœuvrer son avion et exécuter le tir.

Ces tirs permettent le contrôle de la valeur de l'instruction acquise et renseignent le commandement sur l'habileté du tireur de capot.

130. Ils comprennent :

— des tirs de groupement ;

— des tirs avec correction-but.

a) Tirs de groupement.

131. Les tirs de groupement permettent de contrôler si le pilote sait, par la manœuvre de son avion, maintenir en vol la croix centrale du réticule du collimateur sur un point déterminé.

L'objectif est constitué par une silhouette d'avion grandeur naturelle figuré de face sur un panneau récepteur en toile. Le panneau est camouflé de façon à différer aussi peu que possible du sol sur lequel il est étendu (1).

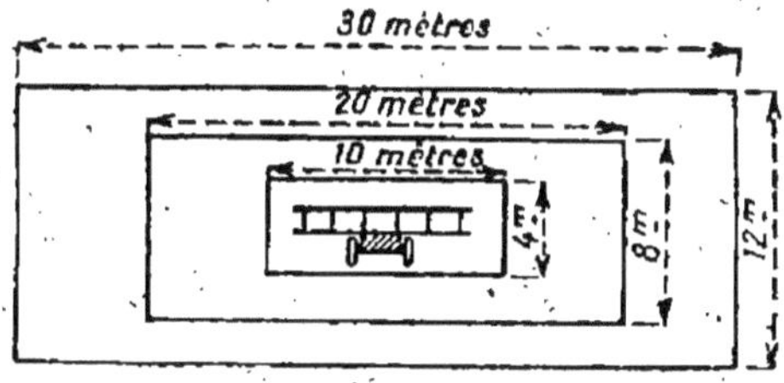

Fig. 18 *bis.*

Un quadrillage de 1 mètre de côté est indiqué sur le panneau afin de faciliter le relevé des points d'impact.

Le panneau a 30 mètres de longueur sur 12 mètres de largeur, deux rectangles de 4 m. × 10 m. et de 8 m. × 20 m. encadrent la silhouette (fig. 18 *bis*).

---

(1) Voir article 115 *bis.*

132. L'abri des marqueurs, situé en dehors de la zone battue par les projectiles, est assez rapproché de la cible pour que le contrôle de chaque tir soit suffisamment rapide.

La liaison entre le directeur de l'exercice et les marqueurs est réalisée soit par sonnerie électrique, soit par téléphone ou par panneaux.

La liaison entre les tireurs est assurée par un système de deux panneaux. Chacun des panneaux, de forme circulaire et de 2 mètres de diamètre au minimum, reçoit un axe horizontal passant par son centre. Les extrémités de cet axe reposent dans deux gorges pratiquées à l'extrémité de montants verticaux montés sur châssis ou simplement enfoncés dans le sol.

L'axe horizontal peut tourner dans les gorges des montants verticaux de manière que le panneau puisse être fixé dans toutes positions permettant de montrer l'une ou l'autre de ses faces, sous une inclinaison convenable, pour qu'elle soit facilement aperçue à la fois par les tireurs et les marqueurs (panneau du directeur de l'exercice), ou par les tireurs et le directeur de l'exercice (panneau des marqueurs).

L'une des faces de chaque panneau porte une marque conventionnelle signifiant : on peut tirer (croix de Malte noire sur fond blanc, par exemple). L'autre face porte une seconde marque bien distincte de la première (cocarde tricolore, par exemple) et signifiant : on ne doit pas tirer.

L'un des panneaux est placé près de l'abri des marqueurs face à la direction générale suivie par les avions pour l'exécution du tir. Ce panneau peut être commandé par les marqueurs placés dans l'abri. L'autre panneau, mis à la disposition du directeur de l'exercice, se place en un point situé hors de la zone dangereuse et tel qu'il puisse être vu aisément par les tireurs et les marqueurs.

Le directeur de l'exercice, placé de façon à voir le panneau des marqueurs, annonce à ceux-ci le commencement du tir en montrant le signal : «On peut tirer.» Les marqueurs placent et fixent leur panneau de façon à montrer le signal : «On peut tirer» aux exécutants et au directeur de l'exercice.

A la fin d'un tir, le directeur de l'exercice montre aux marqueurs le signal : «On ne doit pas tirer» (cocarde).

Les marqueurs répètent ce signal puis sortent de l'abri pour faire le relevé du tir et réparer la cible; leur travail terminé, ils rentrent dans l'abri et montrent la croix (on peut tirer) et ainsi de suite.

Pour indiquer la fin du tir, le panneau du directeur de l'exercice est actionné de façon à montrer alternativement et à plusieurs reprises les deux signaux. Ce même signal est répété par les marqueurs.

L'annonce des résultats peut se faire après chaque tir, soit par téléphone, soit par sonnerie électrique, soit à l'aide d'un jeu de chiffres. Dans ce cas, un marqueur montre successivement des panneaux sur lesquels sont peints les chiffres qui composent le nombre de balles mises et de points obtenus; s'il est nécessaire, ces chiffres sont observés à la jumelle par le directeur de l'exercice.

133. Lorsque les tirs aériens sur cibles au sol doivent être exécutés sur un champ de tir de garnison éloigné du terrain normal de départ des avions-tireurs, le directeur du tir donne à l'avance, des consignes précises et rigoureuses fixant les conditions dans lesquelles chacun des avions-tireurs pourra tirer à son arrivée au-dessus du champ de tir.

Ces consignes doivent prévoir les signaux conventionnels à donner par les avions-tireurs pour se faire identifier par les marqueurs et le directeur du tir.

134. Exécution du tir. — Les tirs sont exécutés d'après les principes déjà donnés pour les exercices de visée sur objectif fixé au sol.

Chaque tireur dispose de 200 cartouches par mitrailleuse et fait trois passes sur l'objectif.

135. L'instructeur peut prescrire le nombre de coups par rafales et le nombre de rafales.

Exemple :

Tir de 3 rafales de 5 cartouches,
Tir de 5 rafales de 3 cartouches.

Les tirs de groupement doivent se faire par temps calme.

Pour passer au *tir suivant*, les tireurs doivent mettre dans la cible un minimum de 10 p. 100 des balles tirées.

**b) Tir avec correction-but
sur but fixe supposé mobile.**

136. Dans ce genre de tir, l'objectif est supposé mobile; le tireur doit donc faire une correction-but en fonction de la distance de tir et de la vitesse supposée de l'objectif.

137. Le directeur du tir indique : les altitudes maximum et minimum du tir; la vitesse dont l'objectif est supposé animé; le nombre de passes de tir à effectuer.

138. L'objectif est constitué soit par une silhouette d'avion (fig. 19), soit par un avion réformé placé horizontalement sur le sol et dont le fuselage peut prendre toutes les directions par rapport à la capitale de tir.

En avant de cette cible, sur le prolongement de l'axe du

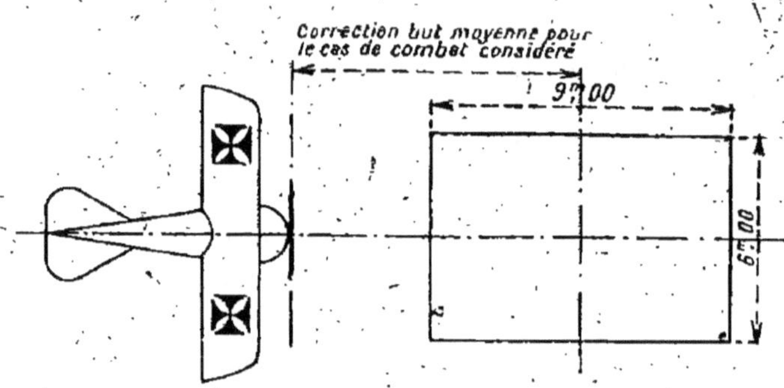

Fig. 19.

fuselage, est placée une cible réceptrice de $6^m \times 6^m$ portant un quadrillage de 1 mètre de côté et camouflée à la couleur du sol environnant.

Le centre du panneau récepteur est situé à une distan du nez de l'avion-cible égale à la correction-but correspondant à la vitesse supposée de la silhouette-but et à la distance moyenne de tir.

139. Le tir s'effectue dans les mêmes conditions que le tir précédent, mais le pilote doit placer l'objectif sur le cercle convenablement choisi du réticule.

140. Le camouflage absolu de la cible réceptrice est pratiquement difficile sinon impossible à réaliser. Certains tireurs, cherchant à obtenir un bon pourcentage, tirent en dirigeant la croix centrale du réticule sur la cible réceptrice.

Toutes les fois que le camouflage du panneau récepteur ne peut être facilement obtenu ou entretenu, cette cible réceptrice est remplacée par un large rectangle (de 70/100 m.) de terre décapée et recouverte d'une légère couche de sable blanc.

L'avion-cible est placé de façon que le point à atteindre se trouve à l'intérieur du rectangle recouvert de sable et en un endroit quelconque de ce rectangle autre que le centre sur lequel les tireurs pourraient être trop facilement conduits à faire du tir de groupement.

Un filet de forme rectangulaire (fig. 20) de $6^m \times 9^m$ constitué par une corde de 7 à 8 millimètres de diamètre et comprenant un quadrillage de 1 mètre de côté constitué par des cordes de 4 à 5 millimètres de diamètre, est placé sur le rectangle de sable pour faciliter le contrôle.

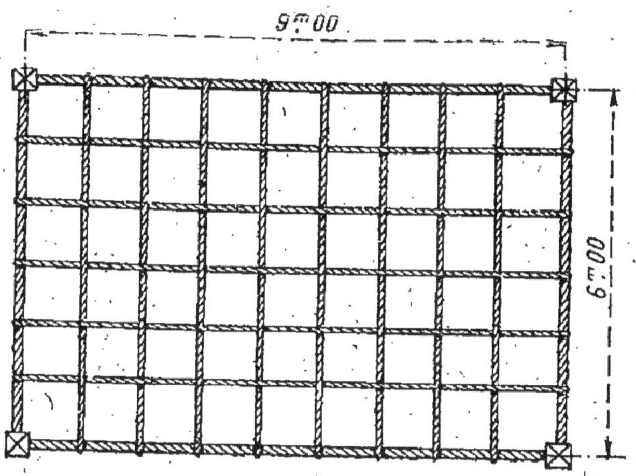

Fig. 20.

Ce filet, *parfaitement invisible du tireur aérien*, a son centre situé sur le point à atteindre, c'est-à-dire à une distance du nez de l'avion-cible égale à la longueur de la correction-but calculée pour la vitesse supposée de l'avion-cible et la distance moyenne de tir. L'axe longitudinal du filet est orienté dans le prolongement de l'axe longitudinal de l'avion-cible.

141. On compte 2 points par balle ayant atteint la cible réceptrice (ou située à l'intérieur du filet rectangulaire).

142. Le tableau n° 3 (page 75) donne la série des tirs aériens réels à effectuer sur avions-cibles grandeur naturelle.

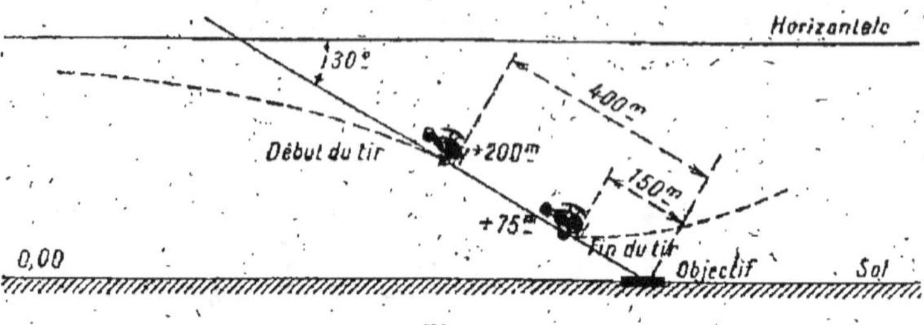

Fig. 21.

Tir n° 24. — Tir de groupement. Avion-tireur monoplace.

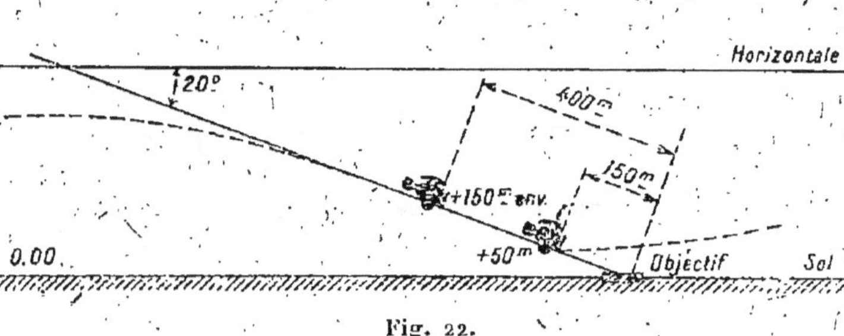

Fig. 22.

Tir n° 24 bis. — Tir de groupement. Avion-tireur biplace.

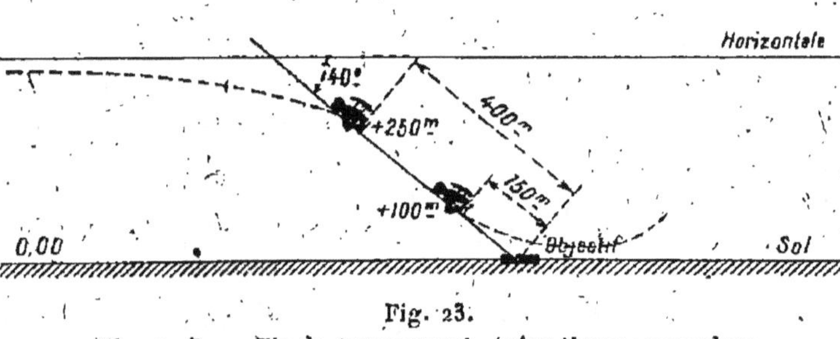

Fig. 23.

Tir n° 25. — Tir de groupement. Avion-tireur monoplace.

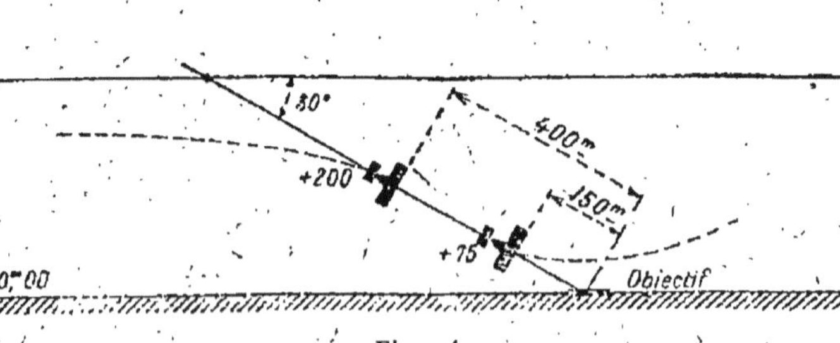

Fig. 24.

Tir n° 25 bis. — Tir de groupement. Biplace.

TABLEAU Nº III.

Tirs d'instruction pour tireurs de capot.
[Tirs aériens réels (1).]

NUMÉROS DES TIRS.	GENRE DE TIR.	NOMBRE de CARTOUCHES pour chacune des mitrailleuses de capot.	CONDITIONS MINIMA à remplir pour passer d'un tir au tir suivant.	OBSER- VATIONS.
24	**1º TIR DE GROUPEMENT.** *Piqué de 30º.* Altitude de début du tir : 250 mètres environ. Distance de début du tir : 400 mètres environ. Altitude de fin du tir : 75 mètres environ. Distance de fin du tir : 150 mètres environ. Distance moyenne du tir : 275 mètres environ. 3 passes consécutives sur l'objectif.	200 balles ordinaires ou 1 bobine de 6 poses. (1).	Dans le plus grand rectangle du panneau 10 p. 100 des balles tirées.	Pour avions monoplaces. (Voir fig. nº 21.)
24 bis.	*Piqué de 20º.* Altitude de début du tir : 150 mètres environ. Distance de début du tir : 400 mètres environ. Altitude de fin du tir : 50 mètres environ. Distance de fin du tir : 150 mètres environ. Distance moyenne de tir : 275 mètres environ. 3 passes consécutives sur l'objectif.	Idem (1).	Idem.	Pour avions biplaces. (Voir fig. nº 22.)
25	*Piqué de 40º.* Altitude de début du tir : 250 mètres environ. Distance de début du tir : 400 mètres environ. Altitude de fin du tir : 100 mètres environ. Distance de fin du tir : 150 mètres environ. Distance moyenne de tir : 275 mètres environ. 3 passes consécutives sur l'objectif.	Idem (1).	Idem.	Pour avions monoplaces. (Voir fig. nº 23.)

(1) Les formations qui ne disposent pas aisément de champs de tir pour tir aérien réel effectuent avec mitrailleuse photographique tous les tirs du tableau III. Les objectifs employés sont les mêmes que pour les tirs réels et placés sur un point convenable du terrain d'atterrissage (voir art. 115 *bis*). L'abri des marqueurs et les aires réceptrices deviennent évidemment inutiles. Les films sont restitués avec l'appareil spécial et notés selon les prescriptions de l'Instruction N.H.J.5, approuvée par D. M. nº 1371 2 A/12 du 4 février 1924. La note d'ensemble minimum 4 est à exiger pour passer d'un tir au tir suivant.

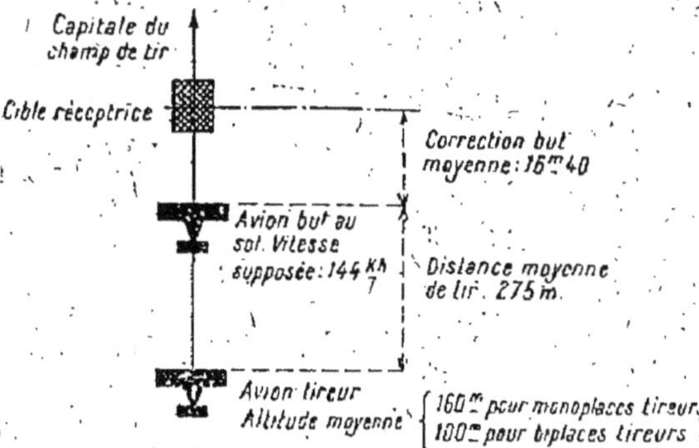

Fig. 25.

Tirs nᵒˢ 26 et 26 bis.

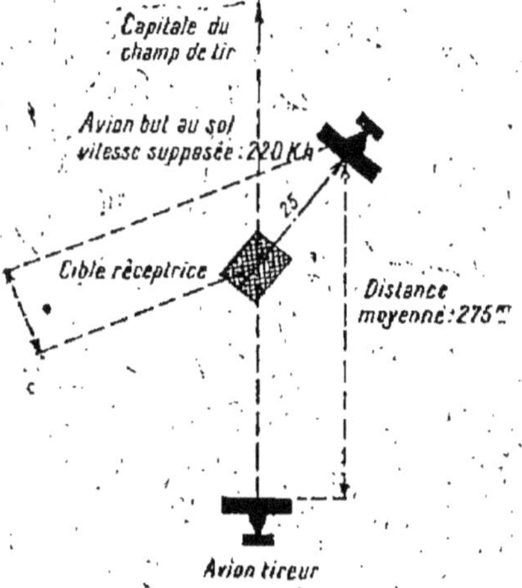

Fig. 26.

Tirs nᵒˢ 27 et 27 bis.

TABLEAU Nº III. (Suite.)

NUMÉROS DES TIRS	GENRE DE TIR.	NOMBRE de CARTOUCHÉS pour chacune des mitrailleuses de capot.	CONDITIONS MINIMA à remplir pour passer d'un tir au tir suivant.	OBSER-VATIONS.
25 bis.	*Piqué de 30°.* Altitude de début du tir : 200 mètres environ. Distance de début du tir : 400 mètres environ. Altitude de fin de tir : 75 mètres environ. Distance de fin de tir : 150 mètres environ. Distance moyenne de tir : 275 mètres environ. 3 passes consécutives sur l'objectif.	200 balles ordinaires ou 1 bobine de 6 poses. (1).	Dans le plus grand rectangle du panneau 10 p. 100 des balles tirées.	Pour avions biplaces. (Voir fig. nº 24.)
	2° TIRS AVEC CORRECTION-BUT.			
26	Mêmes altitudes et distances et même angle de piqué que le tir nº 24. Vitesse supposée de l'avion cible : 144 kilomètres. 3 passes consécutives sur l'objectif supposé volant horizontalement et dans *le même sens que* l'avion-tireur.	100 balles ordinaires, 50 traçantes ou 1 bobine de 6 poses.	Dans la cible réceptrice 3 p. 100 des balles eirées.	Pour avions monoplaces. (Voir fig. nº 25.)
27	Même tir que nº 26 mais vitesse supposée de l'avion-cible *220 K. H.* 3 passes consécutives sur l'objectif supposé volant horizontalement et vu de 3/4 arrière ou de 3/4 avant par l'avion-tireur.	*Idem.*	*Idem.*	*Idem.* (Voir fig. nº 26.)
28	Même tir que nº 27. 3 passes consécutives sur l'objectif supposé volant horizontalement et dans un sens quelconque par rapport à l'avion-tireur.	*Idem.*	*Idem.*	*Idem.* (Voir fig. nº 27.)
29	Mêmes altitudes et distances et même angle de piqué que tir nº 25. Même vitesse et même position de l'objectif que pour le tir nº 27.	*Idem.*	*Idem.*	*Idem.* (Voir fig. nº 28.)
30	Même tir que nº 29. Vitesse et sens de marche de l'objectif comme au tir nº 28.	*Idem.*	*Idem.*	*Idem.* (Voir fig. nº 27.)

(1) Voir la note page précédente

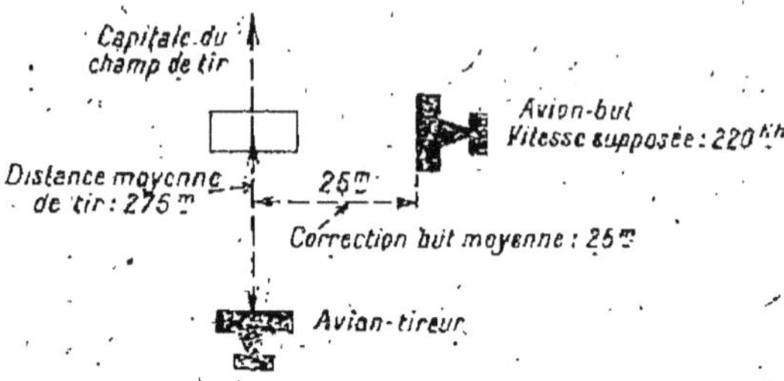

Fig. 27.

Tirs nᵒˢ 28 ou 28.bis. — Tirs nᵒˢ 30 ou 30 bis.

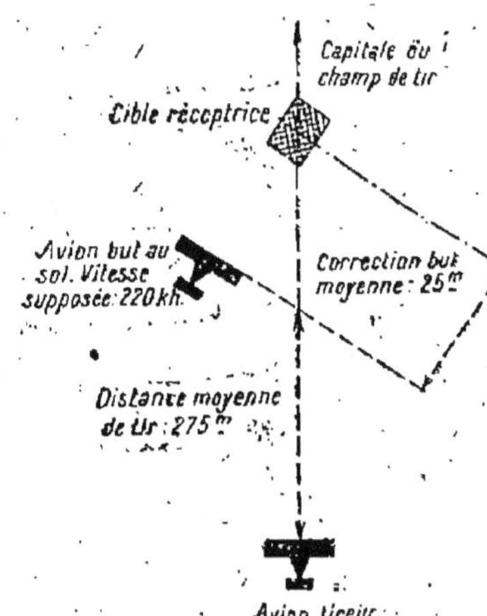

Fig. 28.

Tirs nᵒˢ 29 et 29 bis.

TABLEAU N° III. (Suite.)

NUMÉROS DES TIRS.	GENRE DE TIR.	NOMBRE de CARTOUCHES pour chacune des mitrailleuses de capot.	CONDITIONS MINIMA à remplir pour passer d'un tir au tir suivant.	OBSERVATIONS.
26 bis.	Mêmes altitudes et mêmes distances et même angle de piqué que tir n° 24 bis. Vitesse supposée de l'avion-cible : 144 K. H. 3 passes consécutives sur l'objectif volant horizontalement et dans le même sens que l'avion-tireur.	100 balles ordinaires, 50 traçantes ou 1 bobine de 6 poses.	Dans la cible réceptrice 3 p. 100 des balles tirées.	Pour avions biplaces. (Voir fig. n° 25.)
27 bis.	Même tir que n° 26 bis. Vitesse supposée de l'avion-cible : 220 K. H. 3 passes consécutives sur l'objectif supposé volant horizontalement et vu de 3/4 arrière ou de 3/4 avant par l'avion-tireur.	Idem.	Idem.	Idem. (Voir fig. n° 26.)
28 bis.	Même tir que n° 26 bis. Vitesse supposée de l'avion-cible : 220 K.H. 3 passes consécutives sur l'objectif supposé volant horizontalement et dans un sens quelconque par rapport à l'avion-tireur.	Idem.	Idem.	Idem. (Voir fig. n° 27.)
29 bis.	Mêmes altitudes et distances et même angle de piqué que pour le tir n° 25 bis. Même vitesse et même position de l'objectif que pour le tir n° 27 bis.	Idem.	Idem.	Idem. (Voir fig. n° 28.)
30 bis.	Même tir que n° 29 bis. Vitesse et sens de marche de l'objectif comme au tir n° 28 bis.	Idem.	Idem.	Idem. (Voir fig. n° 27.)

C. — Tirs photographiques sur objectifs aériens.

143. Ces tirs ont pour but d'amener le tireur de capot à une rapide et correcte exécution des manœuvres de pilotage nécessaires au pointage correct et précis des armes de capot sur les objectifs réels en vol.

Ils sont donc la consécration de la valeur de l'instruction technique reçue et préparent efficacement les pilotes à recevoir l'instruction pour le combat du tireur de capot.

144. Ces tirs sont effectués avec une mitrailleuse photographique dont l'axe optique a été réglé par parallélisme (1) avec l'axe optique du collimateur Chrétien grand modèle.

Les tirs photographiques sont toujours exécutés en tenue de vol (lunettes, gants fourrés, sac dorsal de parachute).

145. Le tireur de capot agit sur la commande du bowden de la mitrailleuse photographique et, simultanément, s'il est en avion bi-mitrailleuses, sur celle d'une des mitrailleuses de capot approvisionnée en cartouches à blanc; il est ainsi amené à résoudre en vol tous incidents de tir possible.

146. *Les tirs photographiques d'instruction sont effectués* contre un ennemi figuré par un autre avion (d'abord biplace, puis monoplace). Cet avion-but suit un itinéraire rectiligne sans manœuvrer; il est attaqué par l'avion-tireur, d'abord par l'arrière, puis de trois quarts arrière ou avant et enfin par le travers.

147. Le directeur du tir indique :
— l'altitude moyenne à laquelle le tir sera effectué;
— l'itinéraire à suivre par l'avion-but;
— et, de façon rigoureuse et précise, les manœuvres permises à l'avion-tireur et la distance minimum que l'avion-tireur devra maintenir entre le but et lui, afin d'éviter toutes possibilités d'accidents.

148. Les tirs photographiques donnent lieu à restitution des épreuves avec le contrôleur de films. Ces tirs sont enregistrés sur le carnet individuel de tir; chaque cliché fait l'objet d'une notation comprenant :
— Une note d'ensemble indiquant la valeur du tir d'après l'erreur commise dans le placement en direction de l'avion-but et d'après l'erreur en grandeur de la correction-but;
— Une note tenant compte de l'erreur commise dans l'appréciation de la distance de combat (2).

149. Le tableau n° IV indique la série des tirs photographiques de capot à effectuer.

Nota très important.

Les formations qui, ne pouvant facilement disposer de champ de tir pour tirs aériens réels, ont effectué avec mitrailleuse photographique les tirs prévus au tableau n° II précédent (voir renvoi de la page 75) n'exécutent les tirs du tableau IV qu'après avoir complètement terminé les tirs du tableau III.

---

(1) Voir annexe II. Réglage des armes et des appareils de visée.
(2) Voir notice S. T. Aé, n° N. II. J. 5, approuvée par D. M. n° 1371 A/12 du 4 février 1924, relative à la description et à l'emploi du contrôleur de films.

TABLEAU N° IV.

Tirs photographiques aériens pour tireurs de capot.

NUMÉROS des tirs.	GENRE DE TIR.	NOMBRE de bobines de pellicules allouées pour chaque tir.	CONDITIONS minima à remplir pour passer au tir suivant.	OBSER-VATIONS.
31	Tir contre un avion-but biplace attaqué par l'arrière et à même altitude. Altitude moyenne : de 1.500 à 2.500 mètres. Distance minimum de combat : 200 mètres.	1 bobine de 6 poses.	Le tir doit mériter la note 4 (moyenne de la note d'ensemble et de la note d'appré-ciation des distances (1).	Avions-tireurs biplaces et monoplaces.
32	Tir contre un avion-but biplace attaqué de 3/4 arrière et à même alti-titude. Altit. moyenne : de 1.500 à 2.500 mètres. Distance de combat : 200 mètres.	*Idem.*	*Idem.*	*Idem.*
33	Tir contre un avion-but monoplace attaqué de 3/4 arrière en dessus ou en dessous. Altitude moyenne de 1.500 à 2.500 mètres. Distance minimum de combat : 200 mètres.	*Idem.*	*Idem.*	Avions-tireurs monoplaces.
34	Tir contre un avion-but monoplace attaqué de 3/4 avant et à même alti-tude. Altit. moyenne : de 1.500 à 2.500 mètres. Distance minimum de combat : 200 mètres.	*Idem.*	*Idem.*	Avions-tireurs biplaces et monoplaces.
35	Tir contre un avion-but monoplace attaqué de 3/4 avant et en dessus ou en dessous. Altitude moyenne de 1.500 à 2.500 mètres. Distance minimum de combat : 200 mètres.	*Idem.*	*Idem.*	Avions-tireurs monoplaces.
36	Tir contre un avion-but biplace attaqué par le travers (à même alti-tude en dessous ou en dessus). Altit. moyenne : 1.500 à 2.500 mètres. Distance minimum de combat : 200 mètres.	*Idem.*	*Idem.*	*Idem.*
37	Comme le tir n° 36 mais sur avion-but monopl.	*Idem.*	*Idem.*	*Idem.*

(1) Voir Notice S. T. Aé, n° N. II. J. 5, approuvée par D. M. n° 1371 2 A/12 du 4 février 1924 relative à la description et au mode d'emploi du con-trôleur de films.

TITRE II.

INSTRUCTION DU TIREUR DE CAPOT
POUR LE COMBAT.

150. Au cours de l'instruction pour le combat, le tireur de capot est placé dans des conditions se rapprochant le plus possible de celles de la guerre et dans lesquelles il aura à exploiter, en vue du rôle qui lui est dévolu au combat, l'habileté acquise au cours de l'instruction technique.

151. L'instruction du tireur de capot pour le combat est conduite en liaison étroite avec l'étude du règlement de manœuvre spécial à la catégorie d'aviation à laquelle appartient le tireur (aviation de chasse monoplace, aviation de chasse biplace, aviation d'observation, aviation de bombardement, etc.).

152. Cette instruction, poursuivie pendant toute la durée de la présence des tireurs sous les drapeaux, est dirigée par les commandants d'unités sous le contrôle constant des commandants de groupe, d'après un programme annuel établi par les Chefs de corps.

153. Il est tenu compte, dans la progression de l'instruction, des époques auxquelles les unités exécuteront les tirs de combat sur les champs de tirs aériens spéciaux de façon que les tireurs s'y présentent avec une préparation suffisante.

154. L'instruction du tireur de capot pour le combat comprend :

- une instruction préparatoire;
- des tirs de combat.

CHAPITRE I.

INSTRUCTION PRÉPARATOIRE.

155. L'instruction préparatoire est donnée individuellement :

1° *Entraînement à la manœuvre des armes à hautes altitudes.*

156. Au début, le tireur de capot est entraîné, en tenue de vol (lunettes, gants fourrés, combinaison fourrée, sac dorsal de parachute) à la manœuvre rapide des armes de capot à hautes altitudes (supérieures à 3.500 mètres).

Cet entraînement comprend l'exécution de tirs à blanc au cours desquels le tireur est conduit à remédier à tous incidents de tir pouvant être résolus en vol.

2° Recherche et découverte des objectifs.

157. Le tireur de capot est ensuite dressé à la recherche et à la découverte des objectifs.

A cet effet, au cours d'exercices d'entraînement de vol en peloton, les tireurs s'efforcent de découvrir tous les avions en vol susceptibles d'être aperçus. Ils notent, autant que possible, la situation dans l'espace, les caractéristiques des avions observés ainsi que leurs vitesses et leurs distances appréciées au moment de leur découverte et l'heure de celle-ci.

Après l'atterrissage, l'instructeur, qui a pris part lui-même au vol en peloton, rassemble les renseignements de chacun des tireurs, les compare entre eux et avec ses observations propres. Il fait remarquer à tels ou tels tireurs qu'un avion aperçu par un camarade déterminé aurait pu l'être par eux-mêmes.

158. Il leur fait comprendre combien est grande la nécessité, pour les tireurs aériens, de savoir rechercher et découvrir tous les avions ennemis, afin de pouvoir se ménager l'initiative de l'attaque et d'éviter de se laisser surprendre eux-mêmes.

Il s'attache, pr des exercices de ce genre fréquemment répétés, à développer l'acuité visuelle des tireurs et leur aptitude à observer un avion aperçu tout en continuant à surveiller les autres parties du ciel.

159. Au cours des vols en peloton, les tireurs de capot en monoplace sont, en outre, dressés à rester constamment en liaison les uns avec des autres et avec le chef de peloton et à employer les signaux réglementaires dans les cas et selon les procédés prévus par le Règlement provisoire de manœuvre de l'Aéronautique (Livre II, titre I, Aviation de chasse, art. 23 et 24, et Livre II, titre II, art. 38, Aviation de bombardement).

160. Ces exercices sont effectués, progressivement, à moyennes puis à hautes altitudes (supérieures à 3.500 m.), le jour, puis à l'aube et au crépuscule, enfin au cours d'exercices de vol de durée prolongée afin d'habituer le tireur à la fatigue réelle d'une observation longtemps soutenue.

161. Ils sont combinés avec des exercices effectués à altitude moyenne et relatifs à la recherche et à la découverte d'objectifs terrestres pouvant être attaqués à la mitrailleuse.

3° Identification des avions étrangers.

162. Enfin, l'instructeur s'ingénie à monter en salle des exercices d'identification à l'aide de photos, tableaux et maquettes représentant des avions de nations étrangères. Il enseigne aux tireurs leurs caractéristiques ainsi que les particularités qu'ils présentent au point de vue du tir : emplacement des mitrailleuses, angles de feux, angles morts, etc.

4° Instruction relative à l'exécution des feux.

163. L'instructeur enseigne aux tireurs les principes généraux relatifs à l'exécution des feux au cours des combats aériens.

Il leur enseigne que le tir doit être exécuté par rafales *ajustées*, c'est-à-dire que le tireur *ne cherche pas à accompagner*, au cours du tir, le mouvement du but, mais, ayant placé celui-ci sur le cercle estimé convenable du collimateur, déclanche une rafale en maintenant son propre avion dans la direction qu'il avait à l'instant du départ de la première balle.

Le tireur de capot place à nouveau, après la première rafale, l'avion-but sur le cercle convenable, puis déclanche une deuxième rafale et ainsi de suite.

L'instructeur fait ensuite comprendre l'avantage qu'il y a à demander aux armes tout le débit dont elles sont susceptibles lorsque le but est très proche. L'attaque par surprise doit permettre de déclancher une rafale subite et intense.

Les tireurs sont instruits de la nécessité de ménager les munitions, partant de tirer par rafales courtes et *espacées* chaque fois que les circonstances tactiques exigent d'ouvrir le feu sur un but relativement éloigné.

L'instructeur leur recommande de ne commencer le tir, quelle que soit la situation tactique du moment, qu'à distance de portée efficace (400 m. au maximum sur objectifs aériens mobiles).

164. Les tireurs sont entraînés à la mise en pratique de ces principes au cours d'exercices de tirs à blanc effectués à terre sur avions-maquettes et en vol sur tous avions aperçus.

CHAPITRE II.

TIRS DE COMBAT.

165. L'instruction du tireur aérien de capot pour le combat est complétée par l'exécution de tirs de combat effectués dans des conditions aussi voisines que possible de la réalité.

166. Ces tirs permettent de contrôler la valeur du tireur de capot comme combattant isolé et dans le groupe.

Ils forment les exécutants à la pratique du tir collectif et développent l'aptitude au commandement des gradés et officiers à tous échelons.

167. Les tirs de combat sont exécutés annuellement d'après le programme fixé par le chef de corps. Afin de créer entre les tireurs une émulation désirable et de placer, sans danger, les exécutants dans des situations se rapprochant de celles que l'on rencontre fréquemment à la guerre, les tirs de combat ne sont effectués que par les seuls pilotes ayant fait preuve d'une habileté suffisante :

— au tir aérien (au cours des tirs d'instruction);

— au pilotage (au cours des exercices d'évolutions définies par le Règlement provisoire de manœuvre de l'Aéronautique).

168. Les tirs de combat comprennent :

— des tirs préparatoires de combat

— des tirs de combat proprement dits.

Tirs préparatoires de combat.

169. *Les tirs préparatoires aux tirs de combat* sont exécutés dans les grands champs de tir aérien mis annuellement par le Ministre à la disposition des formations désignées.

170. Ils peuvent être exécutés dans les champs de tir aérien de garnison quand la surface de la zone dangereuse de ces champs de tir le permet (1).

171. *Les tirs préparatoires de combat* sont effectués par équipage isolé sur objectif aérien mobile.

L'objectif est constitué par une manche (2) remorquée par avion.

172. Le directeur du tir, en tenant compte du régime du champ de tir, donne :

1° A l'équipage de l'avion-remorqueur :

— l'itinéraire à suivre;

— la longueur du câble de remorque (2);

---

(1) Se reporter à l'Instruction relative à l'utilisation des champs de tir de jour de l'Aéronautique, approuvée par D. M. n° 42296 2/4 du 4 novembre 1924.

(2) Voir, annexe X, Description des objectifs.

— les points de repère au sol entre lesquels il pourra donner à l'avion-tireur le signal conventionnel « On peut tirer » (1).

2° *A l'équipage de l'avion-tireur :*

— l'altitude de tir;

— la distance minimum et maximum du tir;

— l'itinéraire à suivre par l'avion-tireur;

— l'indication des signaux qu'il aura à recevoir de l'avion-remorqueur (1) et qui lui permettront ou non de tirer de façon que les impacts au sol se produisent dans les limites de la zone dangereuse.

173. Le réglage des appareils de visée et la synchronisation du dispositif de tir à travers l'hélice sont vérifiés avant l'exécution des tirs. *L'inspection des armes est passée au sol avant et après l'exécution des tirs.*

174. Le tableau n° V donne la série des tirs préparatoires de combat à effectuer.

Ces tirs sont enregistrés sur le carnet individuel de tir. On compte trois points par balle ayant atteint la manche. Aucune condition minimum n'est exigée pour passer d'un tir au tir suivant.

175. Les tirs n°ˢ 38, 39 et 40 présentent relativement peu de difficultés au point de vue du tir aérien proprement dit. Ces tirs ne laissent pas, toutefois, d'être d'une exécution délicate par suite de la facilité avec laquelle les tireurs de capot peuvent être amenés à tirer en direction de l'avion-remorqueur s'ils n'apportent pas une grande attention à éviter ce risque.

Le directeur du tir ne devra donc faire exécuter les tirs n°ˢ 38, 39 et 40 que par des pilotes particulièrement confirmés et possédant des qualités reconnues de calme et de sang-froid. Il attirera toujours leur attention sur la nécessité :

— de ne pas perdre de vue l'avion-remorqueur;

— de cesser le tir suffisamment à temps pour que l'avion-remorqueur ne se trouve jamais dans la direction du tir;

— de ne virer, pour dégager le champ de tir et se replacer en position d'attaque, qu'après l'arrêt définitif du tir afin d'éviter d'atteindre l'avion remorqueur au cours du virage dans le cas d'un mauvais fonctionnement de la synchronisation.

---

(1) Se reporter à l'Instruction relative à l'utilisation des champs de tir de jour de l'Aéronautique, approuvée par D. M. n° 42296 2/4 du 4 novembre 1924.

TABLEAU N° V.

Tirs préparatoires de combat pour tireurs de capot (1).

NU-MÉROS des TIRS.	GENRE DE TIR.	NOMBRE DE CARTOUCHES par mitrailleuse de capot.
38	Tir sur manche remorquée attaquée 3/4 arrière et à même altitude. Distance minimum entre l'avion-tireur et la manche : 150 mètres. 3 passes de combat au cours du tir. Longueur de la remorque : 600 mètres.	100 balles ordinaires. 20 balles traçantes.
39	Tir sur manche remorquée attaquée 3/4 arrière et en dessus. Distance minimum de combat entre l'avion-tireur et la manche : 150 mètres. 3 passes de combat au cours du tir. Longueur du câble : 600 mètres.	Idem.
40	Tir sur manche remorquée attaquée 3/4 arrière et en dessous (2). Distance minimum de combat entre l'avion-tireur et la manche : 150 mètres. 3 passes de combat au cours du tir. Longueur du câble : 600 mètres.	Idem.
41	Tir sur manche remorquée attaquée de 3/4 avant et à même altitude. Distance minimum de combat entre l'avion-tireur et la manche : 200 mètres. 3 passes de combat au cours du tir. Longueur du câble : 600 mètres.	Idem.
42	Tir sur manche remorquée attaquée de 3/4 avant et en dessus. Distance minimum de combat entre l'avion-tireur et la manche : 200 mètres. 3 passes de combat au cours du tir. Longueur du câble de remorque : 600 mètres.	Idem.
43	Tir sur manche remorquée attaquée de 3/4 avant et en dessous (2). Distance minimum de combat entre l'avion-tireur et la manche : 200 mètres. 3 passes de combat au cours du tir. Longueur du câble de remorque : 600 mètres.	Idem.
44	Tir sur manche remorquée attaquée par le travers et à même altitude. Distance minimum entre l'avion-tireur et la manche : 200 mètres. 3 passes de combat au cours du tir. Longueur du câble : 600 mètres.	Idem.
45	Tir sur manche remorquée attaquée par le travers et en dessus ou en dessous. Distance minimum de combat entre l'avion-tireur et la manche : 200 mètres. 3 passes de combat au cours du tir. Longueur du câble de remorque : 600 mètres.	Idem.

(1) Si certains tireurs n'obtiennent aucun résultat après trois séances de tir consécutives, l'instructeur doit rechercher les causes de ces résultats négatifs. À cet effet, il leur fait effectuer sur manche remorquée des tirs avec mitrailleuse-photo afin de déterminer la grandeur et le sens des erreurs commises. Une bobine de pellicules est, à cet effet, réservée par tireur, sur l'allocation annuelle.
(2) Si le régime du champ de tir permet l'exécution des tirs sous des angles positifs.

Tirs de combat proprement dits.

176. Les tirs de combat proprement dits comprennent pour le tireur de capot des tirs individuels et des tirs collectifs.

177. Le combat collectif avec mitrailleuses de capot n'est pratiqué que par l'aviation de chasse (monoplace ou biplaces). Au cours des tirs de combat collectifs, pour éviter toutes chances d'accidents, les tireurs de capot en monoplace ou biplaces de chasse n'exécutent, avec tirs réels sur objectifs terrestres ou aériens, que des attaques individuelles, mais en partant toujours d'une formation en peloton, ainsi que l'indiquent les exemples de tirs de combat donnés dans le tableau n° VI.

178. Les pilotes de biplaces d'observation et de bombardement n'exécutent que des tirs individuels de combat; ils doivent toujours être supposés placés dans une situation tactique qui autoriserait réellement à la guerre l'exécution de tirs avec la mitrailleuse de capot.

179. Les tirs de combat individuels ou collectifs doivent toujours être exécutés dans le cadre d'opérations nettement définies au cours desquelles le commandement s'efforce de faire revivre des opérations de guerre préalablement étudiées ou des opérations dont le thème aura été développé en salle.

180. Ils donnent lieu, qu'ils soient individuels ou collectifs :

a) *de la part du directeur des tirs :*

1° A la rédaction d'ordres d'opérations plaçant les exécutants dans une situation tactique déterminée correspondant à la fois au genre de tir à exécuter, aux possibilités permises par le champ de tir aérien sur lequel ils sont effectués et à l'importance de l'unité à laquelle ils s'adressent.

Ces ordres fixent toujours, de façon très précise, les précautions à prendre par tous pour éviter les accidents et pour demeurer dans la vraisemblance.

2° A une critique des manœuvres exécutées et des résultats matériels obtenus rapportés à la situation tactique supposée.

b) *de la part du commandement des unités prenant part aux tirs :*

— à la rédaction d'ordres plaçant les unités, selon les dispositions du tableau de travail établi par le directeur du tir, dans l'une des positions de repos, d'attente ou d'alerte;

— à la rédaction d'ordres d'exécution indiquant les équipages prenant part au tir et fixant :

> – les objectifs ;
> – l'itinéraire ;
> – le genre de tir à effectuer ;
> – les munitions à emporter ;
> – l'altitude à laquelle aura lieu le tir ;
> – la distance minimum de combat ;
> – les manœuvres à faire pour dégager le champ de tir, etc.

c) *de la part des exécutants*, considérés soit individuellement, soit comme chef des unités ayant pris part à l'action (chef de patrouille, chef de peloton, chef d'escadrille, commandant de groupe, etc.) :

– à des comptes rendus d'exécution dans lesquels chacun fera ressortir les difficultés qu'il aura rencontrées et ses propositions pour y remédier.

181. Divers facteurs peuvent modifier les données d'exécution des tirs de combat (situation tactique supposée, circonstance de temps et de lieu, disponibilité en matériel). Il n'est donc pas possible de définir d'une manière impérative, les divers tirs de guerre à exécuter annuellement par les pilotes des différentes spécialités de l'aviation.

182. Les tirs de combat proprement dits comprennent des tirs réels et des tirs photographiques.

183. *Les tirs réels de combat sont* exécutés dans les grands champs de tir aérien mis à la disposition des régiments suivant un tableau d'occupation établi annuellement par le Ministre.

184. Les tirs photographiques peuvent être exécutés partout. Ils sont combinés, chaque fois que l'armement de bord le permet, avec l'exécution de tirs à blanc.

Les tirs photographiques de combat permettent au commandement d'organiser des manœuvres entre aviation de catégories diverses (chasse, bombardement, observation), avec participation de l'aérostation, ou en liaison avec d'autres armes (artillerie, infanterie, chars, etc.).

185. Le tableau n° VI donne, à titre d'exemple, une *série de tirs de combat proprement dits.* Les Chefs de corps pourront s'en inspirer en tenant compte, quant aux tirs réels, des possibilités des grands champs de tir aérien sur lesquels ils auront à les faire exécuter.

TABLEAU Nº VI.

Exemple de tirs de combat pour tireurs de capot à effectuer par les pilotes complètement instruits.

(Ces tirs doivent toujours être exécutés dans le cadre d'une situation tactique supposée.)

(Chasse monoplace et chasse biplace.)

DÉSIGNATION DES TIRS.	CONDITIONS D'EXÉCUTION.	OBJECTIF.	NOMBRE DE SÉANCES DE TIR.	MUNITIONS PAR TIR.	OBSERVATIONS.
	a. TIRS INDIVIDUELS.				
Tir nº 1. Tir photographique. Avions-tireurs monoplaces et biplaces.	Attaque d'un avion suivant un itinéraire imposé et n'exécutant lui-même aucune manœuvre d'attaque ou de défense.	Avion monoplace.	2	1 bobine de 6 poses (3 poses par séance).	Peuvent être effectués en garnison.
		Avion biplace.\	2	*Idem.*	*Idem.*
Tir nº 2. Tir photographique. Avions-tireurs monoplaces et biplaces.	Attaque d'un avion désigné ayant possibilité de manœuvre pour gêner le tir de l'attaquant.	Avion monoplace.	2	*Idem.*	*Idem.*
	Temps maximum d'exécution fixé par le directeur de l'exercice.	Avion multiplace.	2	*Idem.*	*Idem.*
Tir nº 3. Tir réel sur manche. Avions-tireurs monoplaces ou biplaces de chasse.	Départ du sol au commandement du directeur de l'exercice. Manœuvre d'approche de la manche. Attaque de la manche par l'avant ou par le travers (1). Temps maximum d'exécution entre décollage et atterrissage fixé par le directeur de l'exercice. Tirs contrôlés.	Manche remorquée.	3	140 balles ordinaires. 60 traçantes au total pour les 3 séances.	A effectuer dans grands champs de tir.

(1) Il est recommandé de ne pas faire d'attaque par l'arrière afin de ne pas tirer en direction de l'avion-remorqueur (voir article 175). L'avion-tireur ne fait qu'une passe d'attaque par séance afin d'éviter toutes chances d'accidents et de demeurer dans la vraisemblance.

DÉSIGNATION DES TIRS.	CONDITIONS D'EXÉCUTION.	OBJECTIF.	NOMBRE DE SÉANCES DE TIR.	MUNITIONS PAR TIR.	OBSERVATIONS.
Tir n° 4. Tir photographique. Tir collectif. Avions-tireurs monoplaces et biplaces de chasse.	Vol en patrouille de 3 dont 1 guide. Attaque au commandement du guide et par un seul avion de la patrouille d'un avion isolé restant sur un itinéraire imposé. Pendant l'attaque, le guide et l'avion ne tirant pas assurent le «plafond de protection». Ralliement au guide en fin d'attaque. L'avion n'ayant pas tiré part à l'attaque après le ralliement de l'avion ayant tiré et au commandement du guide.	Avion monoplace. Avion multiplace.	2 2	1 bobine de 6 poses (3 poses par séance). *Idem.....*	Peut être effectué en garnison. *Idem.*
Tir n° 5. Tir photographique. Tir collectif. Avions-tireurs monoplaces et biplaces de chasse.	Vol de 30 à 45 minutes en patrouille de 3 avions supposés assurant couverture d'observation ou de protection d'aviation de bombardement. 2 avions-tireurs et 1 avion guide. Attaque d'un avion isolé ayant possibilité de manœuvre. Chacun des tireurs ne part à l'attaque qu'au commandement qui lui est donné par le guide (1). Le guide et le tireur n'attaquant pas assurent le plafond de protection. Ralliement en fin d'attaque à l'avion guide.	Avion monoplace supposé attaquant le groupe de bombardement ou les avions d'observation. Avion multiplace supposé attaquant le groupe de bombardement ou les avions d'observation.	2 2	*Idem.....* *Idem.....*	En garnison. Altitude moyenne de 3.000 à 4.000 mètres. *Idem.*

(1) Afin d'éviter toutes possibilités d'accident.

DÉSIGNATION DES TIRS.	CONDITIONS D'EXÉCUTION.	OBJECTIF.	NOMBRE DE SÉANCES DE TIR.	MUNITIONS PAR TIR.	OBSERVATIONS.
Tir n° 6. Tir réel sur objectif au sol. Avions-tireurs monoplaces et biplaces.	Intervention dans la lutte au sol. Attaque d'une batterie d'artillerie découverte (représentée par panneaux). [1 passe par séance de tir.]	Panneaux.	3	100 balles ordinaires 20 balles traçantes pour les 3 séances.	Dans grands champs de tir aérien.
	Attaque d'une colonne d'infanterie représentée par silhouettes (1 passe par séance de tir).	Silhouettes.	3	Idem.	Idem.
Tir n° 7. Tir photographique sur ballon d'observation. Avion-tireur monoplace et chasse biplace.	Vol en patrouille légère de 3 avions dont 1 guide et 2 tireurs. Attaque individuelle par chacun des tireurs au commandement du chef de patrouille. Le chef de patrouille assure le plafond de protection. Ralliement au chef de patrouille après l'attaque. Une passe de tir par séance.	1 ballon d'observation en ascension à 1.500 mètres environ.	2	1 bobine de 6 poses (3 clichés par séance).	Dans grands champs de tir offrant possibilités. Altitude de patrouille : 3.000 à 4.000 mètres. Altitude du ballon 1.500 mètres. Distance de tir entre 1.000 et 300 mètres. Manœuvre du ballon en descente.
Tir n° 8. Tir photographique. Avions-tireurs monoplaces et biplaces de chasse.	Combat isolé contre monoplace isolé, également muni d'une mitrailleuse photo.	Monoplace.	2	Idem.	En garnison. Altitude de 2.500 à 4.000 mètres.
	Combat isolé contre multiplace muni d'une mitrailleuse photo de tourelle.	Multiplace.	2	Idem.	

DÉSIGNA-TION DES TIRS.	CONDITIONS D'EXÉCUTION.	OBJEC-TIF.	NOMBRE DE SÉANCES DE TIR.	MUNITIONS PAR TIR.	OBSERVA-TIONS.
	b) INSTRUCTION COLLECTIVE.				
Tir n° 9. Tir photographique.	Attaque d'une patrouille de 2 avions sur groupe de bombardement.	Groupe de bombardement suivant un itinéraire imposé.	I	1/2 bobine (3 poses.)	En garnison. Altitude de 3.500 à 4.500 mètres.
Tir n° 10. Tir photographique.	Combat d'une patrouille légère de monoplaces (2 avions) contre patrouille de monoplaces (2 avions).	Patrouille légère de 2 monoplaces.	1	*Idem*.....	*Idem.*

186. Les tirs effectués sont enregistrés sur le carnet individuel de tir. Seuls les tirs individuels donnent lieu à notation.

DEUXIÈME PARTIE.

MITRAILLEUSE DE TOURELLE.

___

TITRE I.

INSTRUCTION TECHNIQUE DU TIREUR DE TOURELLE.

187. L'instruction technique du tireur de tourelle comprend deux parties :

Chapitre 1. — Instruction préparatoire.
Chapitre 2. — Tirs d'instruction.

CHAPITRE I.

INSTRUCTION PRÉPARATOIRE.

188. L'instruction préparatoire du tireur de tourelle a pour but de lui apprendre tout ce qu'il doit savoir pour bien tirer *en vol* sur tous objectifs (aériens et terrestes, fixes ou mobiles) et de développer, en même temps, les réflexes qu'il met en jeu de façon à rendre automatiques les *opérations* qui précèdent ou accompagnent la visée et l'exécution même du tir :

a. Manœuvre des mitrailleuses.

b. Maniement de la tourelle.

c. Détermination du point à viser en fonction de la distance, de la vitesse et de la situation de l'objectif à atteindre.

d. Pointage du jumelage.

L'instruction préparatoire permet également d'entretenir et de développer l'habileté du tireur de tourelle déjà instruit.

189. L'instruction préparatoire du tireur de tourelle comprend :

— *Une instruction au sol.*
— *Une instruction en vol.*

Instruction préparatoire au sol.

A. — Manœuvre des mitrailleuses.

190. Le tireur de tourelle reçoit, au préalable, une instruction détaillée relative :

a. A l'armement réglementaire de tourelle. Cette instruction porte sur la nomenclature, le démontage, le remontage, le fonctionnement, les enrayages et l'entretien de la mitrailleuse Lewis de $7^{m/m}7$ pour tir à terre et pour tir en avion.

b. Aux accessoires d'armement : chargeurs réglementaires, sacs récepteurs d'étuis, tire-douilles, dispositifs de tir à blanc, jumelages, etc.

c. Aux munitions réglementaires et à leur placement dans les chargeurs (vérification, calibrage, mode de chargement.)

d. Au fonctionnement, au réglage et à l'entretien des tourelles en service.

e. Au montage, au réglage et à l'entretien des appareils de visée (ligne de mire R. S. et E. T. Aé.).

191. L'instruction théorique et pratique de l'armement est donnée en utilisant uniquement les armes de théorie, les armes coupées, les cartouches inertes et le matériel d'instruction mis à la disposition des escadrilles, groupes ou régiments dans les conditions fixées, chacun quant au matériel qui le concerne, par les officiers de tir d'escadrille, de groupe et de régiment.

192. Pour chacun des matériels étudiés, l'instructeur se reporte aux notices réglementaires y relatives (1), en s'attachant à n'apprendre aux tireurs de tourelle que ce qui leur est strictement nécessaire pour la connaissance pratique *complète* de l'armement dont ils sont dotés.

193. L'instruction relative au réglage des armes et des appareils de visée est donnée en se reportant à l'annexe II de la présente Instruction.

194. L'instruction relative à l'armement donne lieu à l'exécution de tirs de fonctionnement.

195. *Les tirs de fonctionnement* sont exécutés avec une mitrailleuse Lewis de tir à terre, placée, soit sur un support intermédiaire monté sur affût trépied omnibus 1915, soit sur tourelle montée sur bâti support (2).

---

(1) Voir annexe IX. Notices et documents réglementaires.
(2) Voir Annexe III. Dotation en matériel d'instruction.

Ils ont pour but d'amener progressivement le tireur à exécuter convenablement et automatiquement les diverses opérations du tir : approvisionner, armer, renouveler le chargeur, pointer l'arme munie de la ligne de mire pour tir à terre, agir sur la détente, maintenir l'arme en direction pendant l'exécution des feux, cesser le feu, désarmer.

196. Approvisionner. — S'assurer que la culasse est fermée, le piston en avant. Saisir le chargeur les cartouches en dessous ; effacer avec le pouce le loquet à ressort ; assujettir le colimaçon sur le pivot de la boîte de culasse en plaçant l'ouverture au-dessus de la fente d'introduction et vers l'arrière. Faire tourner le chargeur dans le sens des aiguilles d'une montre jusqu'à ce que la première cartouche vienne en contact avec l'arrêt de cartouches de la lame de distribution ; soulever le chargeur pour s'assurer de sa fixation.

197. Armer. — Pour armer :
Abaisser, s'il y a lieu, les volets de sûreté. Ramener le bouton d'armement en arrière jusqu'à ce qu'il accroche sur la tête de gachette.
Pour tirer :
Presser sur la détente.

198. Remplacer un chargeur vide. — Enlever le chargeur vide en agissant sur le poussoir de commande de l'arrêtoir, mettre en place un autre chargeur, armer et reprendre le tir.

199. Arrêter momentanément le tir. — Cesser de presser sur la détente. Le tir s'arrête culasse ouverte.
Pour reprendre le tir : faire à nouveau l'action du doigt sur la détente.

200. Cesser le tir. — A la fin d'un chargeur :
Le tir s'arrête de lui-même, culasse fermée. Enlever le chargeur comme ci-dessus.
A un moment quelconque :
Cesser de presser sur la détente. Enlever le chargeur et tirer la cartouche se trouvant engagée dans la fente d'introduction de la boîte de culasse, sous la languette d'abaissement.

201. Pointer l'arme. — L'arme étant munie d'une ligne de mire pour tir à terre préalablement réglée (1), l'instructeur prescrit au tireur :
— De viser les deux yeux ouverts ;

---

(1) Voir annexe II. Réglage des armes et des appareils de visée.

— De placer l'œil à une distance convenable de l'œilleton, correspondant à celle que sa conformation lui commandera de prendre quand il sera placé dans la tourelle montée sur avion;

— D'amener la boule de visée de la ligne de mire pour tir à terre au centre de l'œilleton, puis de diriger la ligne ainsi définie sur le visuel du figuratif à viser.

202. Action du doigt sur la détente. — Maintenir l'arme immobile avec l'une des deux mains serrant la poignée (ou avec l'épaule solidement appuyée contre la crosse si l'arme en est munie). Serrer fortement la poignée pistolet avec l'autre main; placer l'index de celle-ci sur la détente et appuyer progressivement et sans saccade jusqu'au départ du coup.

Le tireur est entraîné à faire l'action du doigt sur la détente avec l'une ou l'autre main, en exécutant d'abord des tirs coup par coup, puis des rafales très courtes.

203. Maintien de l'arme en direction pendant l'exécution des feux. — S'efforcer de maintenir, au cours de la rafale, la ligne de mire œilleton-boule sur le visuel du figuratif.

Cesser le feu dès que les trépidations de l'arme devenues trop fortes empêchent d'effectuer une visée correcte.

204. L'instructeur veille spécialement à la bonne exécution des tirs par rafales. Ce genre de tir provoque souvent au début chez le tireur une appréhension se traduisant par des mouvements involontaires (fermeture des yeux, déplacement de la tête, crispation du doigt sur la détente) qui nuisent à la précision du tir.

L'instructeur cherche à éduquer le système nerveux du tireur en lui faisant exécuter, sans préoccupation de pointage :

— des tirs à blanc par rafales très courtes;
— des tirs à blanc par rafales de 8 à 10 cartouches;
— des tirs réels à courte et longue durée.

Dès que le tireur exécute ces derniers tirs sans nervosité, il est entraîné à tirer par rafales en maintenant l'arme en direction. Pour cela, il effectue d'abord, en pointant l'arme sur le visuel, des rafales assez longues (8 à 10 cartouches) au cours desquelles il s'efforce de réagir contre les déplacements et les trépidations de la mitrailleuse. Il exécute enfin le tir par rafales normales (3 à 5 cartouches).

205. Les tirs de fonctionnement sont exécutés par les tireurs de tourelle selon les prescriptions des articles 54, 55, 56, 57 et 58 précédents.

B. — Maniement de la tourelle.

206. L'entraînement à la manœuvre de la tourelle est indispensable pour former le tireur aérien à suivre aisément les évolutions des objectifs très fugitifs sur lesquels il aura à ouvrir le feu.

207. Au cours d'une première séance effectuée avec une tourelle placée sur bâti support et munie d'un jumelage Lewis, l'instructeur enseigne aux tireurs la position la plus commode à prendre par chacun d'eux dans la tourelle pour pouvoir effectuer toutes les manœuvres avec rapidité, sans efforts ni mouvements inutiles. Il veille à ce que les élèves :

— se placent de façon à atteindre commodément, avec la main gauche le levier de manœuvre de la tourelle, tout en prenant appui par les reins sur l'arrière de celle-ci ;

— maintiennent fortement la crosse du jumelage à l'épaule ;

— serrent la poignée pistolet de la mitrailleuse de droite avec la main droite.

Il leur fait remarquer qu'il est possible d'obtenir ainsi une rotation de la tourelle sur la circulaire en même temps qu'un déplacement vertical du support du jumelage par un effort modéré *de tout le corps.*

Il rectifie les positions défectueuses en tenant compte de la conformation particulière de chaque individu.

Il fait recommencer cet exercice en faisant monter chaque tireur dans la tourelle d'un avion placé au sol en ligne de vol.

208. Au cours d'autres séances, l'instructeur assouplit les tireurs, au moyen d'exercices courts et fréquents, à la manœuvre de plus en plus rapide de la tourelle :

a. Le tireur, placé à l'intérieur d'un bâti support de tourelle sur laquelle est monté un jumelage muni d'une ligne de mire pour tir à terre, prend, quitte et reprend la position de manœuvre et dirige son jumelage dans tous les sens possibles, d'abord de lui-même, puis au commandement de l'instructeur ;

b. Le tireur est ensuite entraîné à pointer (1) rapidement son jumelage sur tels ou tels figuratifs d'avions préalablement placés par l'instructeur à des distances progressivement croissantes, puis de passer d'un objectif fixe déterminé à tel autre objectif fixe désigné par l'instructeur, en s'efforçant d'arrêter à temps les mouvements qu'il a imprimés à la tourelle et au jumelage de façon à obtenir un pointage presque instantané ;

---

(1) Sans effectuer aucune correction.

c. Dès que le tireur a acquis l'automatisme de la visée correcte sur but fixe, il est exercé à la mise en joue sur buts mobiles. L'instructeur, utilisant soit des avions quelconques évoluant à proximité du terrain d'exercice, soit des avions spécialement commandés à cet effet, entraîne les tireurs à pointer, *sans idée de correction-but,* par le déplacement judicieux de la tourelle et du jumelage, sur des objectifs aériens très mobiles, et enfin, à passer rapidement d'un objectif à un autre.

C. — Détermination du point à viser. — Méthode d'emploi de la ligne de mire Reille-Soult.

209. Le tireur exécutant en tourelle des feux sur un objectif aérien mobile doit, en général, pour atteindre cet objectif effectuer deux corrections :

— une correction-tireur;

— une correction-but.

(Voir livre premier : Principes généraux, chapitre V. Exposé du problème du Tir aérien.)

210. La ligne de mire Reille-Soult, appareil de visée réglementaire pour le tir en tourelle, permet l'exécution automatique de la correction-tireur (1). Il suffit donc au tireur de tourelle d'évaluer en fonction de la distance, de la vitesse et de la situation de l'objectif, la grandeur et la direction de la correction-but à effectuer et de diriger la ligne de visée (œilleton-boule) de la ligne de mire sur le point de l'espace estimé convenable.

211. Le dressage des tireurs à l'évaluation aussi exacte que possible de la correction-but comporte une éducation minutieuse, partant *individuelle, lente, progressive* et *continue.*

Cette partie importante de l'instruction est l'objet de l'attention particulière des officiers et gradés instructeurs et du contrôle constant des commandants d'escadrille et des commandants de groupe.

212. Les conditions physiques d'acuité visuelle exigées du personnel navigant doivent permettre à chacun des exécutants d'obtenir, avec régularité, des résultats satisfaisants. Ces résultats seront obtenus si les divers exercices d'entraînement sont conduits de manière à développer la *faculté d'observation* des tireurs et à créer entre eux, grâce à l'intérêt que tous y apportent, une émulation désirable.

213. Le dressage du tireur de tourelle à l'évaluation des corrections est poursuivi pendant toute la durée de sa pré-

---

(1) Voir annexe I (paragraphe 2°). Description de la ligne de mire R.-S.

sence sous les drapeaux. Cette instruction est donnée, non seulement au cours des séances obligatoirement prévues à l'emploi du temps, mais encore en saisissant toutes occasions favorables permettant, par l'examen d'un cas déterminé se produisant dans des conditions *particulières* ou normales, *d'améliorer* ou d'entretenir l'éducation déjà acquise.

214. *Au sol*, la progression de cette partie de l'instruction du tireur de tourelle comprend :

a. des exercices d'identification des avions;

b. des exercices d'appréciation des distances;

c. des exercices d'appréciation des vitesses;

d. des exercices d'évaluation de correction-but exprimée en nombre de fuselages apparents;

e. des exercices d'évaluation des corrections avec emploi de l'appareil d'instruction Perrin-Pelletier;

f. des exercices de visée sur avions-maquettes avec emploi de maquettes de mitrailleuses.

215. *a.* **Identification des avions.** — Le tireur de tourelle est formé, au sol, à l'identification des avions de la même manière que le tireur de capot et à l'aide des mêmes exercices décrits à l'article 62.

216. *b.* **Appréciation des distances.** — Le tireur de tourelle est instruit, au sol, dans l'appréciation des distances selon les prescriptions des alinéas 1°, 2° et 3° de l'article 63.

217. Le tireur de tourelle est également dressé à apprécier les distances en se servant, soit de l'œilleton ou de la boule de la girouette de la ligne de mire Reille-Soult, soit du cercle entourant l'œilleton de la ligne de mire E. T. Aé.

A cet effet, chaque tireur, utilisant un jumelage Lewis placé sur bâti support et pourvu d'une ligne de mire R.-S. ou E. T. Aé., préalablement réglée pour la vitesse moyenne de l'avion sur lequel il est normalement appelé à voler, compare telles ou telles parties importantes d'avions de divers types, situés à diverses distances connues, soit avec l'œilleton ou la boule de la R.-S., soit avec le diamètre ou le rayon du cercle de la ligne de mire E. T. Aé.

Chaque tireur se dresse ainsi, pour lui-même, une sorte de tableau dont il s'efforce de connaître par cœur les données les plus importantes.

218. *c.* **Appréciation des vitesses.** — Le tireur de tourelle est formé, au sol, à apprécier les vitesses des avions des divers types selon les prescriptions de l'article 64.

219. *d.* **Évaluation de la correction-but en fonction de la longueur du fuselage de l'avion-but.** — L'instructeur explique aux tireurs qu'ils ne disposent, pour mesurer dans l'espace la valeur de la correction-but, d'aucune autre base de comparaison que la grandeur sous laquelle leur apparaissent telles ou tel.es dimensions connues de l'avion-but. Il fait remarquer, en outre, que la direction du fuselage de l'avion-but indique la direction de déplacement du but, *c'est-à-dire la direction dans laquelle doit toujours être portée* la grandeur de la correction-but, chaque fois qu'il y a lieu d'en effectuer une.

220. Il s'attache ensuite à faire comprendre aux tireurs que la longueur de la correction-but appréciée pourra être évaluée en nombre de fuselages apparents et qu'il sera ainsi possible de la concrétiser dans l'espace, en grandeur et en direction.

A cet effet, en avant et dans le prolongement de l'axe longitudinal d'un avion placé au sol en ligne de vol, l'instructeur fait placer un aide à une distance égale à la longueur de la correction-but à effectuer pour une vitesse supposée et une distance de tir déterminée (soit 13 m. environ pour un avion ayant une vitesse de 47 m.-seconde et situé à la distance de tir de 200 m., par exemple).

Se portant ensuite avec le groupe des tireurs, en divers points (fig. 29) P_1, P_2, P_3 du terrain, situés à une distance de l'avion égale à la distance de tir (soit 200 m. pour l'exemple considéré), il fait remarquer que, quel que soit le point où

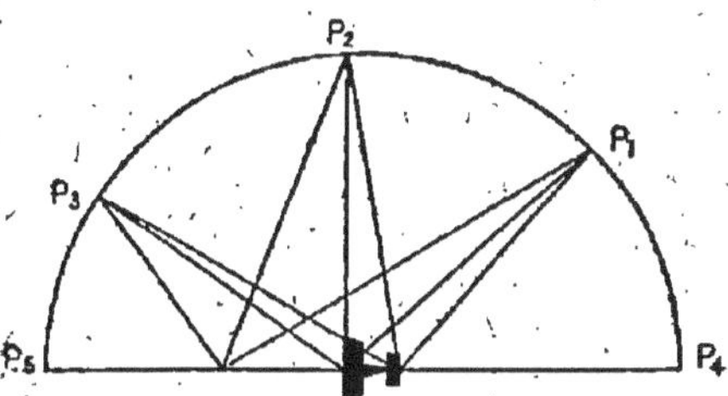

Fig. 29.

se trouve le groupe des tireurs, la longueur de la correction-but — c'est-à-dire la distance entre l'aide et l'avion — peut être évaluée par un nombre constant *de longueurs apparentes du fuselage.* (Dans l'exemple choisi, si l'avion a 6 m. 50 de longueur de fuselage, la grandeur de la correction-but sera évaluée de tous les points du terrain situés à 200 m. de l'avion, à deux longueurs apparentes du fuselage.)

221. Il faut noter qu'en particulier, si le tireur se trouve en P_4 ou en P_5 dans le prolongement de l'axe de l'avion-but, la longueur apparente du fuselage sera nulle, ainsi, d'ailleurs, que la correction-but à effectuer.

222. e. Exercices de correction-tireur et de correction-but avec emploi de l'appareil Perrin-Pelletier (1). — L'appareil Perrin-Pelletier (2) est indispensable pour montrer de façon commode aux tireurs de tourelle la position dans l'espace, du point à viser.

223. L'emploi de l'appareil Perrin-Pelletier suppose que le tireur de tourelle ne dispose pas d'appareil de visée donnant automatiquement la correction-tireur.

L'instructeur attire, en conséquence, l'attention du tireur de tourelle sur l'intérêt des exercices effectués avec cet appareil et qui lui permettent d'acquérir un entraînement suffisant à la pratique *des corrections* pour qu'il puisse se défendre efficacement, même dans le cas où l'appareil de visée réglementaire lui donnant automatiquement la correction-tireur viendrait à lui faire défaut pour une cause quelconque (perte en cours de combat, détérioration en cours de vol, etc.).

224. Le tireur, tenant en main l'avion français, est placé à une certaine distance d'un aide portant l'avion ennemi. Cette distance est égale au centième de la distance supposée de combat (soit 3 m. pour une distance de combat de 300 m., par exemple).

L'instructeur place le nez de l'avion-but sur la graduation de la distance de combat, indiquée sur la face de la tige-but relative à la vitesse dont l'avion-but est supposé animé (170 k.-h., par exemple). Il indique au tireur que la distance séparant le nez de l'avion-but du centre de l'articulation des tiges représente la correction-but linéaire réduite au centième.

Les vitesses appréciées pour les deux avions sont celles supposées réalisées à l'instant précis du combat (vitesse en piqué, en cabré, en vol horizontal).

Les deux avions sont placés, l'un par rapport à l'autre, dans les positions respectives qui correspondent au cas de combat envisagé.

L'instructeur, faisant coulisser la boule le long de la tige-tireur, place le bord de cette boule, le plus rapproché de l'articulation des tiges, sur la graduation de la distance de combat, gravée sur la face de la tige correction-tireur relative à la vitesse supposée de l'avion-tireur (soit la graduation 200 m. sur la face 240 k.-h., par exemple).

L'instructeur oriente la tige correction-tireur parallèlement à la direction du fuselage de l'avion-tireur et en sens inverse. Il fait remarquer que la boule, regardée à travers l'œilleton de l'avion français, indique la position dans l'espace du point sur lequel l'arme doit être dirigée pour que

---

(1) Voir Annexe III. Dotation en matériel d'instruction.
(2) Voir Annexe IV. Description de l'appareil Perrin-Pelletier.

les projectiles, par suite de l'influence qu'a sur eux la vitesse-tireur, rencontrent, au centre de l'articulation des tiges, le but qui y arrivera en même temps qu'eux-mêmes.

225. Lorsque l'entraînement de l'ensemble des exécutants d'un même groupe est assez avancé, l'instructeur imagine de petits problèmes :

Exemple. — L'avion-but, n'étant plus muni de ses tiges, est, ainsi que l'avion-tireur, orienté dans une direction quelconque.

L'instructeur fait apprécier :

— la distance de combat;

— la vitesse de l'avion but (en indiquant que cet avion est de tel ou tel type);

— la vitesse de l'avion-tireur supposé être de tel autre type.

Puis, un aide muni de la palette employée pour la constatation de la régularité de pointage (1) déplace celle-ci dans l'espace, en obéissant aux indications du tireur. Il la tient immobile lorsque le tireur, estimant que la palette est à l'endroit à viser, lui crie : «Stop».

Les tiges sont replacées, les corrections-but et tireur sont mesurées et l'erreur commise constatée.

Le tireur étudie la position du point à viser, par rapport à l'avion-but et par rapport à l'avion-tireur, pour toutes les distances de combat et pour toutes les positions possibles du but et du tireur.

226. Enfin, le tireur est muni d'une mitrailleuse avec ligne de mire Reille-Soult dont la girouette, immobilisée par un moyen quelconque, est orientée, par rapport au sens de marche supposée de l'avion-tireur, de façon à simuler l'action de l'air sur l'empennage de la girouette. La longueur de la girouette est réglée en fonction de la vitesse moyenne supposée de l'avion-tireur.

Le tireur dirige sa ligne de visée (œilleton-boule de la girouette) sur le centre de l'articulation des tiges, puisque la correction-tireur est automatiquement faite par la girouette.

En prenant la ligne de mire de correction nulle (œilleton-axe de la girouette), il constate que celle-ci est dirigée sur la boule et vérifie ainsi que la girouette effectue bien la correction-tireur.

227. *f.* **Exercices de visée sur avions-maquettes (avec emploi de maquettes de mitrailleuses) [2]**. — L'emploi

---

(1) Voir Instruction provisoire sur la pratique du tir, du 1/9/20.
(2) Voir Annexe III. Dotation en matériel d'instruction.

d'avions-maquettes et de maquettes de mitrailleuses (1) munies de lignes de mire avec girouettes, dont les articulations ont été rendues dures, permet, au cours d'un même exercice, d'entraîner le tireur de tourelle à :

— identifier l'avion-but;

— déterminer sa position dans l'espace;

— évaluer sa vitesse en fonction de son type et de sa position de vol;

— apprécier la distance de tir;

— évaluer la correction-but en longueurs de fuselages apparents;

— utiliser l'appareil de visée réglementaire;

— effectuer des visées correctes sous le contrôle de l'instructeur.

L'instructeur fait tout d'abord remarquer que :

— l'avion-maquette étant réduit au 1/20°, il faudra réduire à la même échelle les distances supposées de combat, ainsi que la longueur de la correction-but;

— pour un tireur regardant à une distance vingt fois moins grande un avion vingt fois plus petit, les dimensions apparentes des parties constitutives de l'avion ennemi seront les mêmes que dans la réalité;

— la correction-but angulaire à effectuer sera la même que dans la réalité.

228. Les maquettes de mitrailleuses sont placées autour d'un avion-maquette, lequel doit, pour les premiers exercices, se profiler sur le sol ou sur un arrière-plan uniformément éclairé.

L'appareil de visée de chaque maquette de mitrailleuse est réglé en fonction de la vitesse moyenne de l'avion dans lequel chaque tireur est supposé placé.

229. L'instructeur place l'avion-maquette en ligne de vol horizontal et dans différentes positions (d'abord de profil, puis de 3/4 avant ou de 3/4 arrière), mais à une distance constante et connue (par exemple : 20 m. pour une distance réelle de combat de 400 m.). Il indique que l'avion-maquette est supposé animé d'une vitesse de 170 k. h. et déplace la tige-but de façon à amener près du nez de l'avion-maquette la graduation correspondant à la distance et à la vitesse supposées.

Il fait viser la boule de la tige-but avec la ligne de visée œilleton-boule, la girouette ayant été préalablement orientée dans le sens de marche de l'avion-tireur.

(1) Voir Annexe IV. Description des avions-maquettes et des maquettes de mitrailleuses.

Le tireur acquiert ainsi la notion exacte de la correction-but angulaire pour la vitesse et la distance considérées.

La ligne de visée étant toujours dirigée vers la boule, l'instructeur fait évaluer la grandeur de la correction-but en nombre de fuselages apparents de l'avion-maquette.

230. Il démontre et fait comprendre aux tireurs de tourelle que, pour employer convenablement l'appareil de visée réglementaire, il suffit de diriger la ligne de visée (œilleton-boule de la girouette) sur un point placé sur le prolongement de l'axe de marche de l'avion-but et situé à un nombre convenable de fuselages apparents en avant de cet avion.

231. L'emploi des avions-maquettes donne lieu, pour le tireur de tourelle, à la même progression d'instruction que pour le tireur de capot (art. 76 et 77).

232. Au cours de chaque exercice de visée sur avion maquette, le tireur de tourelle annonce, à haute voix, la grandeur appréciée de la correction-but, évaluée en nombre de fuselages apparents, et dirige sa ligne de visée sur le point jugé convenable; il fixe sa mitrailleuse.

L'instructeur contrôle en faisant replacer la tige-but et commente les erreurs commises.

233. L'instructeur fait chaque fois constater par les tireurs que, *pour une même distance et une même vitesse de but*, la correction-but, pour toutes les positions possibles de l'avion (de profil, de 3/4 avant, de 3/4 arrière), est toujours égale au même nombre de *fuselages apparents* (1).

Il s'assure fréquemment qu'il n'existe à ce sujet aucune confusion dans l'esprit des tireurs.

234. Les avions-maquettes sont utilisés au cours d'exercices fréquents, *obligatoirement prévus* à l'emploi du temps des unités.

D. — Pointage du jumelage.

235. L'instruction relative au pointage du jumelage comprend :

— des exercices de pointage rapide sur avions-maquettes;
— des exercices de visée sur avions en vol.

236. Exercices de pointage sur avions-maquettes. — Au cours de l'instruction préparatoire au sol, les exercices de pointage du jumelage sont toujours effectués avec un

---

(1) Voir article 220.

jumelage de mitrailleuses Lewis de tir à terre, pourvu d'une ligne de mire pour tir à terre (1) et placé sur tourelle montée sur bâti-support (1).

1° Les tireurs, en tenue de vol (avec lunettes et gants fourrés), s'efforcent, par la manœuvre convenable de la tourelle et du jumelage, de diriger la ligne de mire en avant d'une maquette d'avion placée à l'extrémité d'une perche manœuvrée par l'instructeur;

2° Le tireur exécute ensuite le même exercice en s'attachant à faire une correction-but exacte. Il annonce à haute voix la correction-but appréciée en l'exprimant en longueurs de fuselage. L'instructeur rectifie et fait comprendre les erreurs commises en utilisant, soit un appareil P. P., soit un avion-maquette muni d'une tige de correction-but.

237. Exercices de visée sur avions en vol. — L'instructeur fait ensuite exécuter des exercices de visée sur avions évoluant au-dessus du terrain d'exercice. Comme précédemment, il fait énoncer à haute voix, en longueurs de fuselages, les corrections-but évaluées. Il rectifie et fait comprendre les erreurs commises.

238. Cet exercice est repris en exécutant des feux avec cartouches à blanc, au cours desquels les tireurs sont entraînés à exécuter des rafales courtes et espacées, à maintenir leur jumelage en direction pendant l'exécution de la rafale, à cesser le tir dès que les trépidations des armes dérangent le pointage, et à repointer rapidement entre deux rafales.

239. Ces divers exercices complètent l'assouplissement du tireur au maniement rapide de la tourelle et du jumelage, l'entraînent à la prise rapide de la ligne de mire et l'habituent à donner à sa tourelle et au jumelage une impulsion proportionnée au déplacement nécessaire pour l'exécution de la visée avec correction-but.

Ils contribuent ainsi grandement à la formation des réflexes du tireur aérien.

240. Ces exercices sont répétés, aussi souvent que possible et à toute époque de l'année, par tous les tireurs de l'unité. L'officier de tir de l'escadrille, outre les diverses séances obligatoirement prévues à l'emploi du temps, utilise toutes les occasions favorables pour exercer les tireurs à des visées sur des avions évoluant à proximité du terrain de travail.

---

(1) Voir Annexe III. Dotation en matériel d'instruction.

241. Les exercices de visée à terre sur avions-maquettes donnent lieu à un enregistrement sur le carnet individuel de tir. Les commandants de groupe veillent à ce que ces inscriptions soient faites avec régularité. Les exercices sont très bons, bons ou assez bons, suivant que le tireur a très bien, bien ou assez bien effectué les visées prescrites.

Instruction préparatoire en vol.

A. — Manœuvre des mitrailleuses.

242. Dès que le tireur a acquis, au cours de l'instruction préparatoire au sol, une habileté suffisante dans la manœuvre de l'arme et dans la pratique des désenrayages, il est exercé à opérer en vol avec la même rapidité.

243. A cet effet, l'instructeur, à l'aide de cartouches inertes, provoque, avant le départ de l'avion, pour chacune des mitrailleuses du jumelage, un enrayage déterminé auquel il est normalement possible de remédier en l'air. Le tireur désenraye son arme dès que l'avion a atteint l'altitude fixée par l'instructeur.

244. Les tireurs sont ensuite exercés à la manœuvre des mitrailleuses du jumelage (armer, changer de chargeurs, etc.) et à remédier aux divers incidents de tir par l'exécution de tirs avec des cartouches à blanc, effectués sans aucune *préoccupation de visée ni de maniement de la tourelle.*

Celle-ci est préalablement orientée, par rapport à l'axe longitudinal de l'avion, et de façon que le jumelage soit placé dans un secteur de tir convenable pour qu'aucune partie de l'avion-tireur ne soit atteinte au cours du tir.

B. — Maniement de la tourelle.

245. La résistance de l'air, provoquée par le déplacement rapide de l'avion, rend, sur certains types d'appareils, le maniement de la tourelle assez pénible dans divers secteurs de tir et exige ainsi, de la part du tireur, un effort qui, au début, ne manque point de le surprendre. D'autre part, le tireur est souvent appelé au combat, pour pointer sur un adversaire manœuvrier et recherchant les secteurs privés de feux, à prendre dans la tourelle certaines positions peu commodes.

Il est donc nécessaire d'entraîner spécialement le tireur à vaincre ces difficultés avant de lui faire effectuer en vol des exercices de visée qui exigent toujours des manœuvres rapides de la tourelle et du jumelage.

A cet effet, chaque tireur s'exerce, à volonté, à manœuvrer en vol sa tourelle et son jumelage en prenant toutes positions possibles lui permettant d'effectuer des feux dans toute l'étendue des secteurs de tir de sa tourelle.

C. — Détermination du point à viser.

a. *Exercices d'identification des avions et d'appréciation de leurs vitesses.*

246. Au cours des vols d'entraînement, les tireurs en tourelle sont exercés à identifier tous avions aperçus à l'aide des procédés déjà décrits pour la formation du tireur de capot (voir art. 83, 84 et 85).

Le tireur de tourelle est placé dans un avion piloté par l'instructeur lui-même ou par un pilote particulièrement apte à l'identification des avions.

b. *Exercices d'appréciation des distances.*

247. Le tireur de tourelle est formé à l'appréciation des distances selon la même méthode et suivant les mêmes procédés que le tireur de capot (art. 86, 87, 88 et 89). Le tireur en tourelle communique à son pilote les signaux faits par l'instructeur. Le pilote de l'avion tireur s'efforce de voler parallèlement à l'avion de l'instructeur.

248. Le tireur en tourelle observe minutieusement cet avion et note les détails qu'il distingue et qui sont, pour lui, caractéristiques de la distance :

– Visibilité des organes importants; grandeurs apparentes de telles ou telles dimensions connues par rapport à un organe de la ligne de mire R.-S. (œilleton-boule de la girouette) ou par rapport au cercle télémétrique de la ligne de mire E. T. Aé.

249. Le tireur en tourelle effectue des tirs photographiques sans correction-but, ainsi qu'il a été prescrit pour le tireur de capot (art. 91). Les clichés sont contrôlés au restituteur de films.

c. *Exercices de visée en vol.*

250. Les exercices de visée sont toujours exécutés avec mitrailleuses jumelées et ligne de mire R.-S. (ou E. T. Aé.) préalablement réglée. *A cet effet, les tireurs en tourelle, avant l'exécution des exercices de visée en vol, sont instruits à régler leurs appareils de visée* (1).

_____

(1) Voir Annexe II. Réglage des armes et appareils de visée.

251. Les exercices de visée en vol présentent une importance toute particulière. Ils sont susceptibles de donner les meilleurs résultats et d'acheminer rationnellement les tireurs vers l'automatisme de la visée.

1° Au début, l'instructeur désigne comme objectif un avion placé au sol en ligne de vol. Il indique l'altitude à laquelle devra s'exécuter l'exercice et fait connaître, en longueurs de fuselage, la grandeur exacte de la correction-but à effectuer pour une distance moyenne de tir déterminée et pour la vitesse, également déterminée, dont l'avion au sol est supposé animé.

2° Les tireurs sont ensuite exercés à effectuer des visées, d'abord sur des avions en vol marchant parallèlement à l'avion-tireur et dans le même sens, puis en sens inverse; enfin sur des avions évoluant dans toutes les directions (1).

A l'atterrissage, les tireurs indiquent les diverses visées et la valeur des corrections-but effectuées. L'instructeur fait reconstituer les principaux cas à l'appareil P. P. et rectifie, s'il y a lieu, les erreurs commises.

3° En dehors des exercices prévus à l'emploi du temps de l'unité, les tireurs profitent de toutes occasions favorables pour s'exercer à des visées en vol, soit sur des objectifs au sol, soit sur les avions qu'ils rencontrent (2). L'officier de tir de l'escadrille met, aussi souvent qu'ils le désirent, l'appareil P. P. à leur disposition pour leur permettre de reconstituer les cas de combat qui se sont présentés et de contrôler eux-mêmes l'exactitude des visées effectuées.

252. Toutefois, ces exercices de visée sont *rigoureusement interdits à tous tireurs commandés pour l'exécution d'un tir réel et momentanément munis de cartouches réelles.*

CHAPITRE II.

TIRS D'INSTRUCTION.

253. Le tireur de tourelle doit exécuter ses premiers tirs dans les meilleures conditions possibles, afin qu'il n'en garde aucune mauvaise impression.

Les premiers tirs à terre s'exécutent en tenue de travail; l'instructeur fait prendre la tenue de vol (gants fourrés et lunettes) dès qu'il le juge utile.

Les tirs aériens sont toujours exécutés en tenue de vol.

---

(1) Dans ce cas, l'instructeur donne toujours des ordres précis quant à la distance minimum devant séparer l'avion-but de l'avion-tireur, afin d'éviter tous accidents.

(2) En demeurant toujours à 100 mètres au minimum de l'avion visé.

Tout tir médiocre doit être suspendu, les causes recherchées, puis corrigées au cours d'exercices appropriés et prévus à l'instruction préparatoire au sol ou à l'instruction préparatoire en vol.

Chaque tireur ne doit exécuter que le genre de tir qui correspond à son degré d'instruction. Tout tireur qui exécute un tir insuffisant ne peut recommencer ce tir qu'une seule fois dans la même séance.

254. Les tirs sont toujours exécutés avec des armes et des appareils *de visée dont le réglage aura été soigneusement vérifié par le tireur lui-même.*

255. L'instructeur fait immédiatement enregistrer les tirs sur le carnet individuel du tireur et indique la valeur du tir.

256. Les tirs d'instruction comprennent pour le tireur de tourelle :

A. Des tirs à terre :

    a. Tirs réels à distance réelle à la mitrailleuse;

    b. Tirs au ball-trapp en tourelle;

    c. Tirs (réels ou réduits) à distance réduite sur avions-maquettes grandeur réduite;

B. Des tirs aériens :

    a. Tirs aériens sur avions-cibles grandeur naturelle;

    b. Tirs aériens photographiques sur objectifs aériens.

257. Les tirs au ball-trapp peuvent être effectués à peu près partout en raison de la faible portée de l'arme et de la munition.

Les tirs réels à distance réelle sont effectués dans les champs de tir pour mitrailleuses d'infanterie et les tirs réels à distance réduite sur avions-cibles grandeur réduite dans un stand spécial décrit à l'annexe IV de la présente Instruction.

Les tirs aériens sont effectués dans les champs de tir aérien voisins des garnisons des formations d'aviation. Les tirs aériens photographiques peuvent être exécutés partout. *Les formations qui ne disposent pas de champs de tir aérien proches effectuent, en conséquence, avec mitrailleuses photographiques, les tirs aériens réels prévus au tableau n° IV de la page 120.* (Voir art. 115 bis.)

258. Les tirs d'instruction sont toujours exécutés sous la direction d'un officier. Celui-ci passe ou fait passer l'inspection des armes après l'exécution des tirs pour s'assurer qu'aucune mitrailleuse n'est demeurée chargée.

A. — Tirs à terre.

a. Tirs réels à distance réelle.

259. Ces tirs sont exécutés avec un jumelage de mitrailleuse Lewis pour tir à terre placé sur tourelle réglementaire montée sur bâti support. Le jumelage est muni de l'appareil de visée spécial pour tir à terre soigneusement réglé par convergence pour la distance de tir.

Ces tirs ont pour but :

— de confirmer les tireurs dans l'habileté à la manœuvre et au pointage de la mitrailleuse acquise au cours des tirs de fonctionnement ;

— de leur apprendre, *s'ils ne sont pas dotés d'une commande de détente rigide, à agir de façon parfaitement simultanée sur les détentes des deux mitrailleuses et à maintenir le jumelage en direction pendant l'exécution des feux* ;

— enfin, de les habituer au tir avec jumelage d'armes automatiques (dressage physique et éducation du système nerveux).

Les rafales sont courtes et espacées ; les chargeurs utilisés sont incomplètement garnis ou garnis avec des cartouches réelles et des cartouches inertes afin d'obliger les tireurs à armer souvent et à changer fréquemment de chargeur.

Le tireur applique, sans hâte, tous les bons principes et les bonnes habitudes acquises précédemment, puis, au cours de tirs à temps limité ou au commandement, il cherche à obtenir une rapidité d'exécution croissante, sans précipitation.

Les tirs sont exécutés aux distances comprises entre 100 et 400 mètres et ne comportent que des tirs au but.

260. Les objectifs sont constitués par des figuratifs représentant schématiquement un avion vu de face dont les dimensions sont les suivantes :

Envergure : 2 mètres ;

Hauteur : 0 m. 70.

Ces figuratifs comportant un cercle visuel noir dont le diamètre est égal aux 1/1.000ᵉ de la distance de tir, sont dessinés au pochoir sur :

— une cible carrée de 2 mètres/2 mètres pour les tirs à 100 mètres ;

— une cible carrée de 2 m. 50/2 m. 50 pour les tirs jusqu'à 200 mètres ;

— une cible formée de deux panneaux accolés de 5 mètres de haut sur 2 m. 20 de large chacun, pour les tirs de 200 jusqu'à 400 mètres (fig. 30).

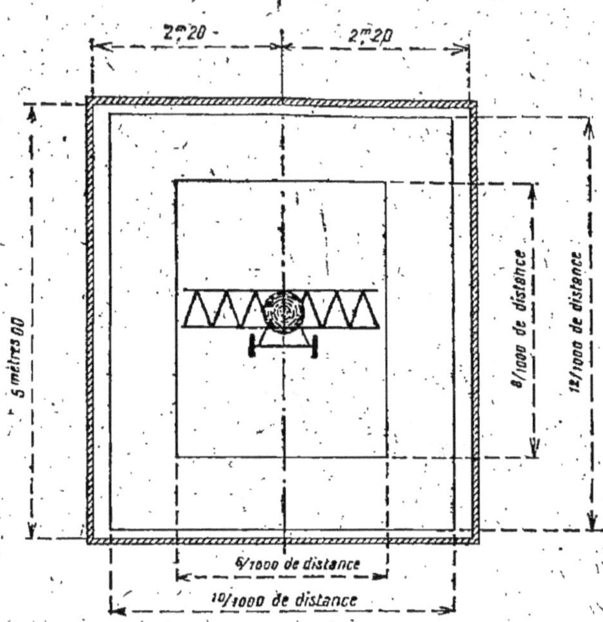

Fig. 30.

Sur chacune des cibles sont tracés deux rectangles dont les hauteurs sont égales aux 8/1.000ᵉ et aux 12/1.000ᵉ de la distance de tir et les largeurs aux 6/1.000ᵉ et aux 10/1.000ᵉ de la distance de tir (1).

261. On compte 1 ou 2 points suivants que la balle a atteint la zone intermédiaire limitée par le rectangle extérieur et le rectangle intérieur ou la zone limitée par le rectangle intérieur.

Tout impact touchant le tracé d'un rectangle est compté comme étant à l'intérieur de ce dernier.

Seules les balles de plein fouet comptent.

262. Le tableau n° 1 donne la série des tirs réels à distance réelle à effectuer.

---

(1) La dispersion de la mitrailleuse Lewis placée sur la tourelle d'un avion au sol (moteur arrêté) est de 6/1.000ᵉ en largeur et de 8/1.000ᵉ en hauteur dans le tir coup par coup et de 10/1.000ᵉ en largeur et 12/1.000ᵉ en hauteur dans le tir par rafales de trois à quatre coups.

TABLEAU N° I.

Tirs réels à distance réelle avec jumelage de mitrailleuse Lewis pour tir à terre.

NUMÉRO DES TIRS.	DISTANCE.	GENRE DE TIR.	OBJECTIF.	NOMBRE de CARTOUCHES pour chaque mitrailleuse du jumelage.	CONDITIONS MINIMA à remplir pour passer au tir suivant.
	mètres				
1	100	Par rafales à volonté.	Cible de 2 mètres/2 mètres, figuratif d'avion de 2 mètres/o m.70.	3o ordinaires, 10 traçantes.	6 balles dans le plus grand rectangle.
2	200	Idem............	Cible de 2 m. 5o/2 m. 5o, figuratif de 2 mètres/o m. 70.	Idem.......	Idem.
3	300	Idem............	Cible spéciale de 5 mètres/4 m.4o, figuratif de 2 mètres/o m.70.	Idem......	8 balles dans le plus grand rectangle.
4	400	Par rafales à temps limité; une minute par tireur pour : placer les chargeurs, armer, pointer, tirer par rafales courtes, enlever les chargeurs et désarmer chaque arme du jumelage.	Cible spéciale de 5 mètres/4 m.4o, figuratif de 2 mètres/o m.70.	Idem......	Idem.
5	400	Par rafales au commandement.	Idem...........	Idem......	6 balles dans le plus grand rectangle.

b. Tirs au ball-trapp en tourelle.

263. Le tir au ball-trapp a pour but :

— d'entraîner le tireur de tourelle à apprécier rapidement le sens de marche et la vitesse angulaire d'un objectif mobile;

— de créer chez lui l'automatisme de la visée et de compléter l'habileté qu'il a déjà acquise dans le maniement rapide de la tourelle.

Le tireur utilise le fusil de chasse spécial modifié pour son montage en tourelle avec mitrailleuse Lewis.

Les pigeons d'argile (1) sont lancés au début à l'aide de l'appareil mécanique (1) puis à l'aide de l'appareil à main (1) d'abord à la demande du tireur, puis au signal de l'instructeur qui se place de façon à ne pas être vu des tireurs.

L'aide chargé du lancement des pigeons est placé latéralement et en arrière de la ligne des tireurs.

Le tireur doit «accuser» son coup à haute voix; l'instructeur se place derrière lui pour observer le tir.

264. Le tableau n° 2 donne la série des tirs au ball-trapp à effectuer.

TABLEAU N° II.

Tirs au ball-trapp.

NUMÉRO DES TIRS.	GENRE DE TIR.	NOMBRE des CARTOUCHES.
6	Tir sur pigeons lancés par l'appareil mécanique à la demande du tireur.	10
7	Tir sur pigeons lancés par l'appareil mécanique au commandement de l'instructeur.	10
8	Tir sur pigeons sur signal de l'instructeur	10
9	Tir au pigeon lancé par l'appareil à main à la demande du tireur.	10
10	Tir au pigeon lancé au commandement de l'instructeur.	20
11	Tir au pigeon lancé sur signal de l'instructeur.	20

Nota. — Les tirs numérotés de 6 à 9 inclus peuvent être effectués en deux séances à raison de cinq cartouches par séance.

Les tirs n°⁵ 10 et 11 peuvent être effectués chacun en deux ou quatre séances. Aucune condition minimum n'est exigée pour passer d'un tir au tir suivant.

c. Tirs réels à distance réduite sur avions-maquettes grandeur réduite (2).

265. Ces tirs sont effectués au stand spécial. Ils ont pour but d'habituer le tireur en tourelle à exécuter des tirs

---

(1) Voir annexe : III. — Dotation en matériel d'instruction.
(2) L'annexe IV, paragraphe 5, donne toutes indications sur le matériel et les procédés d'instruction à utiliser pour effectuer des tirs réels (ou à

réels avec correction-but en appliquant convenablement les principes acquis au cours de l'instruction technique.

Ils constituent une préparation excellente aux tirs aériens et permettent, avant l'exécution des tirs réels en avion, le contrôle nécessaire de la valeur de l'instruction reçue par les tireurs de tourelle.

266. Les tirs réels à distance réduite sur avions-maquettes grandeur réduite comportent :

– l'identification d'un avion-maquette représentant, soit au 1/10°, soit au 1/15° ou au 1/20° et aussi exactement que possible, un type d'avion en service ;

– l'appréciation des dimensions apparentes de l'avion-maquette en fonction de la distance de tir ;

– l'appréciation de la vitesse supposée de l'avion-maquette en fonction de son type et de sa position de vol (vol horizontal, vol en piqué, vol en cabré) ;

– l'évaluation de la correction-but à effectuer en fonction de la vitesse appréciée et de la distance.

267. Il est à noter que la correction-but angulaire à effectuer dans l'exécution du tir sur avion-maquette déterminé est exactement celle à réaliser sur un avion réel de même type, ayant même situation dans l'espace, situé à une distance de combat correspondant à la distance de tir réduite à l'échelle de la maquette et animé de la vitesse supposée.

268. Le tireur de tourelle exécute toujours en tenue de vol (gants, lunettes, et sac parachute [1]) les tirs réels à distance réduite sur avions-maquettes.

Ces tirs sont effectués avec jumelage Lewis, dont, pour des raisons d'économie de cartouches, une seule mitrailleuse est approvisionnée en cartouches réelles, l'autre l'étant en cartouches à blanc.

Le jumelage Lewis est muni d'une ligne de mire pour tir à terre réglée par convergence pour la distance exacte de tir.

---

l'arme de tir réduit) à distance réduite sur avions-maquettes grandeur réduite.

Le présent chapitre a été rédigé en admettant le cas le plus favorable, c'est-à-dire les formations disposant d'un stand permettant les tirs réels à distance réduite. Il arrivera plus fréquemment que les formations n'auront pas de stand suffisant ; dans ce cas, tous les tirs réels à distance réduite prévus au chapitre ci-dessous peuvent être remplacés par des tirs avec l'un des dispositifs exposés au paragraphe 5 de l'annexe IV précitée.

Les formations non encore dotées du matériel d'instruction décrit à l'annexe IV, paragraphe 5, effectuent les tirs prévus, sur avions-cibles et avec une arme de tir réduit (se reporter pour leur exécution à la notice S. T. Aé 313-300 A).

(1) A cet effet, le tireur de tourelle porte un sac dorsal ayant les mêmes dimensions, même encombrement et même poids que le sac du parachute réglementaire.

269. Les tirs sur avions-maquettes grandeur réduite comprennent des tirs *à volonté* et des tirs *à durée limitée*.

270. Pour les tirs *à volonté*, le directeur du tir ayant fait démasquer l'avion-maquette fait énoncer à haute voix par le tireur de tourelle les données du tir :

— distance de combat (300 m. par exemple);

— vitesse supposée (en fonction de la position de vol);

— correction-but à effectuer (en longueurs apparentes de fuselage).

Le tireur aérien exécute ensuite le tir, par rafales très courtes de deux à trois cartouches, en effectuant la correction annoncée et en manœuvrant sa tourelle pour continuer à pointer sur l'objectif malgré le mouvement de rotation que des aides impriment au support spécial (1).

Le directeur du tir fait disparaître la maquette dès que le tireur a terminé son tir. Il compte deux points par balle ayant atteint le grand cercle tracé sur le carton récepteur, et représentant, à l'échelle de la maquette, la projection, sur le plan du carton, de la sphère comprenant les principales parties vulnérables de l'avion-but (2).

271. Pour les tirs à *temps limité*, le directeur de l'exercice ayant fait placer le tireur de tourelle dans une direction légèrement oblique par rapport à celle du tir, prévient le tireur qu'il dispose de dix secondes pour l'exécution du tir.

Au signal du directeur de l'exercice, le marqueur fait apparaître la maquette; le tireur apprécie mentalement la vitesse de l'objectif, détermine aussi rapidement que possible la correction à effectuer et exécute son tir, sans précipitation par **rafales courtes et ajustées.**

Dix secondes après l'apparition de la maquette, le marqueur fait tomber le rideau qui la cache; le tireur arrête instantanément le tir.

La notation du tir à durée limitée se fait de la même façon que pour le tir à volonté, mais trois points (3) sont comptés par balle ayant atteint la silhouette dessinée sur le carton récepteur.

272. Le tableau n° III donne la série des tirs réels à distance réduite à effectuer sur avion-maquette.

---

(1) Voir annexe IV, paragraphe e, description du stand spécial pour tirs réels à distance réduite sur avion-maquette.

(2) Lorsque le tir sur avion-maquette est effectué avec emploi du dispositif pour tir réduit (voir annexe IV) on compte deux points par balle ayant atteint le grand cercle tracé sur le carton récepteur.

(3) Quatre points quand le tir est effectué avec le dispositif pour tir réduit.

TABLEAU N° III.

Tir réels de tourelle à distance réduite sur avion-maquette grandeur réduite.

NUMÉRO DES TIRS.	GENRE DE TIR.	NOMBRE DE CARTOUCHES.	CONDITIONS MINIMA à réaliser pour passer au tir suivant.
	1° TIRS À VOLONTÉ.		
	a. Avion-maquette en vol horizontal (1).		
12	Vu par le travers et à même altitude que le tireur.	10	1 balle dans le grand cercle tracé sur le carton récepteur (3).
13	Vu de 3/4 avant et à même altitude que le tireur.	10	
14	Vu de 3/4 arrière et à même altitude que le tireur.	10	
15	Vu par le travers et à plus haute altitude que le tireur.	10	
16	Vu de 3/4 avant et à plus haute altitude que le tireur.	10	
17	Vu de 3/4 arrière et à plus haute altitude que le tireur.	10	
18	Vu par le travers et à plus basse altitude que le tireur.	10	
19	Vu de 3/4 avant et à plus basse altitude que le tireur.	10	
20	Vu de 3/4 arrière et à plus basse altitude que le tireur.	10	
	b. Avion-maquette en cabré ou en piqué.		
21	Vu par le travers et à même altitude que le tireur.	10	
22	Vu de 3/4 avant ou de 3/4 arrière et à même altitude que le tireur.	20	
23	Vu par le travers et à plus haute ou plus basse altitude que le tireur.	20	
24	Vu de 3/4 avant et à plus haute ou plus basse altitude que le tireur.	20	
25	Vu de 3/4 arrière et à plus haute ou plus basse altitude que le tireur.	20	
	2° TIRS A TEMPS LIMITÉ.		
De 26 à 30	Mêmes tirs que ceux prévus aux numéros : 15-18-20-23-25.	(2)100	

(1) Se reporter à l'annexe IV (S c) pour tous détails relatifs à l'emplacement des tireurs, de l'avion-maquette et des cartons récepteurs.

(2) A raison de 20 cartouches pour chacun des tirs n°° 26-27-28-29-30.

(3) Sept balles de tir réduit (ou un chargeur de pistolet ou sept balles de carabine Winchester, 6 millimètres) sont allouées par tir pour le *tir avec dispositif de tir réduit* (même condition minimum pour passer d'un tir au tir suivant.)

B. — Tirs réels en vol.

a. Tirs sur avions-cibles grandeur naturelle.

273. Le but de ces tirs est de contrôler si le tireur en tourelle sait maintenir en vol le pointage de son jumelage et apprécier convenablement les corrections-but à effectuer.

Ces tirs doivent, autant que possible, être exécutés par temps calme.

274. Le directeur du tir, selon le régime du champ de tir aérien sur lequel ces tirs sont effectués, fait connaître, en tenant compte du régime du champ de tir :

— les altitudes maximum et minimum de l'avion-tireur;

— les repères du sol entre lesquels le tir pourra avoir lieu;

— l'emplacement et le code du panneau de commandement qui autorisera ou non l'exécution du tir.

Il indique :

— *au tireur,* le nombre de passes qu'il devra effectuer sur l'objectif ainsi que, pour les tirs à correction-but, la vitesse supposée de l'avion-cible;

— *au pilote,* l'itinéraire à suivre et la manœuvre à faire pour dégager le champ de tir.

275. La liaison entre les marqueurs et les tireurs et le directeur du tir est assurée par des procédés analogues à ceux exposés aux articles 132 et 133 (1).

276. Les tirs sur avions-cibles grandeurs naturelles sont toujours effectués en tenue complète de vol (lunettes, gants fourrés, sac dorsal de parachute), avec jumelage muni d'une ligne de mire R. S. (ou E. T. Aé.) préalablement réglée et vérifiée par le tireur lui-même. Ce dernier utilise les chargeurs qu'il a personnellement garnis.

277. Ces tirs comportent :

— des tirs de groupement;

— des tirs avec correction-but.

278. Pour les *tirs de groupement,* l'objectif est une silhouette d'avion grandeur réelle, figuré de face sur une cible

---

(1) Voir Instruction relative à l'établissement et à l'utilisation des divers champs de tir de jour de l'Aéronautique, approuvée par D. M. 42.296-2/4, du 4 novembre 1924.

réceptrice de 12 mètres sur 3o mètres. Cette cible est peinte de manière à différer aussi peu que possible du sol sur lequel elle doit être étendue (1) ; elle porte un quadrillage de 1 mètre de côté pour faciliter le relevé des points d'impact. On y inscrit deux rectangles de 4 mètres sur 10 mètres et de 8 mètres sur 20 mètres.

Le tireur de tourelle vise, avec la ligne de visée œilleton-boule, le centre de la cible sans effectuer de correction-but.

279. On compte, 3 points, 2 points ou 1 point suivant que la balle a atteint le rectangle intérieur, la zone intermédiaire ou la zone extérieure.

280. Pour les *tirs à correction-but*, l'objectif est une silhouette d'avion vue en plan (par en dessus).

En avant, dans l'axe longitudinal de la silhouette est placée une cible réceptrice de 6 mètres sur 9 mètres, camouflée *très soigneusement* à la couleur du sol.

Le centre du panneau récepteur des balles est situé à une distance du nez du moteur égale à la longueur de la correction-but pour la vitesse supposée de l'avion-but et la distance moyenne de tir.

Si le camouflage absolu de la cible réceptrice ne peut être facilement obtenu ou entretenu, on procédera ainsi qu'il est exposé à l'article 140.

281. Le tableau n° IV indique la série des tirs aériens réels à effectuer sur avions-cibles grandeur naturelle.

Nota important.

281 *bis*. Les formations qui ne disposent pas aisément de champs de tir pour tir aérien réel effectuent avec mitrailleuse photographique tous les tirs du tableau IV. Les objectifs employés sont les mêmes que pour les tirs réels. Ils sont rendus très apparents (voir article 115 *bis*) et placés en un point convenable du terrain d'atterrissage. L'abri des marqueurs et les aires réceptrices deviennent évidemment inutiles.

Les films sont restitués avec l'appareil spécial et notés selon les prescriptions de l'Instruction N. H. J. 5, approuvée par D. M. n° 1.371-2A/12 du 4 février 1924. La note minimum d'ensemble 4 est à exiger pour passer d'un tir au tir suivant.

---

(1) Sauf pour l'exécution des tirs photographiques par les formations ne disposant pas de champ de tir pour tirs aériens réels. (Voir article 115 *bis*.)

TABLEAU N° IV.

NUMÉRO des tirs.	GENRE DE TIR.	NOMBRE DE CARTOUCHES pour chacune des mitrailleuses du jumelage.	CONDITIONS MINIMA À REMPLIR pour passer au tir suivant.
	1° Tir de groupement.		
31	Distance moyenne (1) minimum permise par le régime du champ de tir aérien. 3 passes consécutives sur l'objectif.	5o ordinaires, 25 traçantes, ou 1 bobine de 6 poses (2).	10 balles dans le panneau. Note minimum : 7 (2).
32	Distance moyenne (1) de tir : 35o mètres. 3 passes consécutives sur l'objectif.	Idem...........	Idem.
	2° Tir avec correction-but.		
33	Distance moyenne minimum permise par le régime du champ de tir. Vitesse supposée avion-cible : 144 kilomètres-heure. 3 passes consécutives sur l'objectif supposé volant parallèlement à l'avion-tireur et dans le même sens. (Voir figure n° 3r.)	Idem...........	6 balles dans la cible (ou dans le filet rectangulaire). Note minimum : 4 (2).
34	Même tir que n° 33, mais avion-cible volant parallèlement à l'avion-tireur et en sens inverse. (Voir figure n° 3z.)	Idem...........	Idem.
35	Distance moyenne de tir : 35o mètres. 3 passes consécutives sur l'objectif. Vitesse supposée : 2¡o kilomètres-heure. Avion-cible attaqué 3/4 arrière. (Voir figure n° 33.)	Idem...........	Idem.
36	Même tir que n° 35. Avion-cible supposé attaqué 3/4 avant. (Voir figure n° 34.)	Idem...........	Idem.

(1) On entend par distance moyenne de tir la moyenne des distances auxquelles le tireur de tourelle est appelé à tirer, entre les repères du sol, en défilant devant l'objectif. Voir à ce sujet l'Iustraction relative à l'utilisation des divers champs de tir de jour de l'Aéronautique, approuvée par D. M. n° 4r.r96-r/4 du 4 novembre 1924.

(2) Pour les formations exécutant avec mitrailleuses photographiques les tirs du tableau IV (voir article r8r bis).

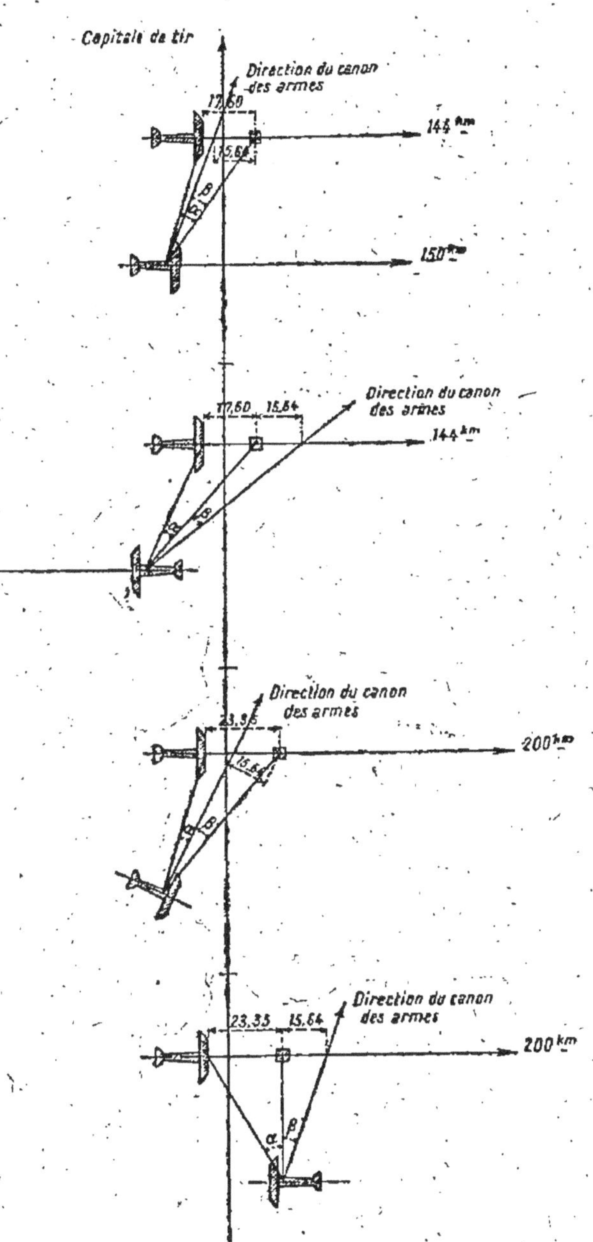

Fig. 31, 32, 33 et 34.

b. Tirs photographiques sur objectifs aériens.

282. Ces tirs ont pour but d'entraîner le tireur de tourelle à la bonne appréciation de la correction-but et à la correcte exécution de la visée sur des avions réels en vol.

Ils sont la consécration de la valeur de l'instruction technique reçue et préparent efficacement le personnel à recevoir l'instruction du tireur pour le combat.

283. Ces tirs sont effectués avec une mitrailleuse photographique jumelée avec une Lewis ordinaire. L'emploi de la mitrailleuse photographique ne comportant pas de correction-tireur, le jumelage est simplement muni d'une ligne de mire R. S. sans girouette ou d'une ligne de mire E. T. Aé. avec guidon spécial; l'appareil de visée est réglé par parallélisme avec l'axe optique de la mitrailleuse photographique (1).

Les tirs photographiques sont toujours exécutés en tenue de vol (lunettes, gants fourrés, sac dorsal de parachute). Le tireur en tourelle agit à la fois sur la détente de la mitrailleuse photographique et sur la détente de la Lewis ordinaire approvisionnée en cartouches à blanc; il est amené ainsi à résoudre en vol tous incidents de tir possibles.

284. Les tirs **photographiques d'instruction** sont effectués contre un ennemi figuré par un autre avion biplace puis monoplace. L'avion-but suit un itinéraire rectiligne sans manœuvrer. L'avion-tireur vole parallèlement à l'avion-but, dans le même sens, puis en sens inverse, et enfin évolue librement dans toutes les directions.

285. Les tirs photographiques effectués par les tireurs de tourelle donnent lieu, de la part du directeur du tir, aux mêmes consignes que celles prescrites à l'article 147 pour l'exécution des tirs photographiques par le tireur de capot.

286. Les tirs photographiques de tourelle sont notés et enregistrés sur le carnet individuel de tir et de la même façon que les tirs photographiques de capot (article *148*).

287. Le tableau n° V indique la série des tirs photographiques à effectuer en tourelle.

Nota important.

Les formations qui, ne pouvant facilement disposer de champs de tir pour tirs aériens réels, ont effectué avec mitrailleuse photographique les tirs prévus au tableau n° IV précédent, n'exécutent les tirs prévus au tableau n° V qu'après avoir complètement terminé les tirs du tableau IV.

---

(1) Voir annexe IV (§ d). — Description et mode d'emploi des mitrailleuses photographiques.

6.

TABLEAU Nº V.

Tirs photographiques aériens pour tireurs de tourelle.

NUMÉRO des tirs.	GENRE DE TIR.	NOMBRE DE BOBINES de pellicules allouées pour chaque tir.	CONDITIONS MINIMA À REMPLIR pour passer d'un tir au suivant.
37	Tir contre un avion-but biplace marchant parallèlement à l'avion-tireur, dans le même sens et à même altitude (tir bord à bord). Altitude moyenne. Distance minimum de combat : 200 mètres.	1 bobine de 6 posés.	Le tir doit mériter la note 4 (moyenne de la note d'ensemble et de la note d'appréciation des distances) [1].
38	Tir contre un avion-but biplace marchant parallèlement à l'avion-tireur, en sens inverse et à même altitude. (Tir à contre-bord.) Altitude moyenne. Distance minimum de combat : 200 mètres.	*Idem*...............	*Idem.*
39-40	Tir contre un avion-but biplace marchant parallèlement à l'avion-tireur, dans le même sens et à altitude diff'rente. Distance minimum de combat : 200 mètres. Différence d'altitude : 100 mètres.	1 bobine de 6 poses. (3 poses pour tir contre but à altitude supérieure ; 3 poses pour le tir contre but à altitude inférieure).	*Idem.*
41-42	Tir contre un avion-but monoplace vu par le travers par le mitrailleur de tourelle. Distance minimum de tir : 20 mètres. Différence d'altitude : 100 mètres.	1 bobine de 6 poses (3 poses contre but à altitude supérieure : 3 poses contre but à altitude inférieure).	*Idem.*
43	Tir contre un avion-but monoplace vu par l'arrière et par en dessous ou par en dessus par le mitrailleur de tourelle. Distance minimum de combat : 200 mètres. Différence minimum d'altitude : 100 mètres.	2 bobines de 6 poses (3 poses pour 3/4 avant en dessus ; 3 poses pour 3/4 avant en dessous ; 3 poses pour 3/4 arrière en dessus ; 3 poses pour 3/4 arrière en dessous).	*Idem.*

(1) Voir Notice S. T. Aé. N. II. J. 5, approuvée par D. M. 1.371 du 4 février 1924.

TITRE II.

INSTRUCTION DU TIREUR DE TOURELLE
POUR LE COMBAT.

288. Au cours de l'instruction pour le combat, le tireur de tourelle est placé dans des conditions se rapprochant le plus possible de celles de la guerre et dans lesquelles il aura à exploiter, en vue du rôle qui lui est dévolu au combat, l'habileté acquise au cours de l'instruction technique.

L'instruction du tireur de tourelle pour le combat est conduite en liaison étroite avec l'étude du règlement de manœuvre spécial à la catégorie d'aviation à laquelle appartient le tireur (aviation de chasse biplace, aviation d'observation, aviation de bombardement, etc.).

Cette instruction, poursuivie pendant toute la durée de la présence des tireurs sous les drapeaux, est dirigée par les Commandants d'unités, sous le contrôle constant des commandants de groupe, d'après un programme annuel établi par les Chefs de corps.

289. Il est tenu compte, dans la progression de l'instruction, des époques auxquelles les unités exécuteront des tirs de combat sur les champs de tir aérien spéciaux de façon que les tireurs s'y présentent avec une préparation suffisante.

290. L'instruction du tireur de tourelle pour le combat comprend :

une instruction préparatoire;
des tirs de combat.

CHAPITRE I.

INSTRUCTION PRÉPARATOIRE.

291. L'instruction préparatoire est donnée individuellement.

Entraînement à la manœuvre du jumelage
à hautes altitudes.

292. Au début, le tireur est entraîné, en tenue complète de vol (lunettes, gants fourrés, combinaison fourrée, sac dorsal de parachute), à la manœuvre rapide des armes et du jumelage *à hautes altitudes* (supérieures à 3.500 mètres).

Cet entraînement comprend l'exécution de tirs à blanc au cours desquels le tireur est conduit à résoudre tous incidents de tir et s'efforce d'obtenir une rapidité de manœuvre du jumelage aussi grande que possible.

Recherche et découverte des objectifs.

293. Le tireur de tourelle est ensuite dressé à la recherche et à la découverte des objectifs d'après les mêmes méthodes et à l'aide des mêmes procédés que ceux prescrits aux articles 157, 158, 159, 160 et 161 pour les tireurs de capot.

294. Au cours des vols d'entraînement par avions isolés, les tireurs de tourelle sont, en outre, formés à travailler en liaison constante et en collaboration étroite avec leurs pilotes, ceux-ci manœuvrant de façon à rendre possible l'action du tireur de tourelle.

295. Au cours des vols en peloton, les tireurs de tourelle sont également dressés à rester constamment en liaison les uns avec les autres et à se signaler réciproquement, par gestes ou par l'exécution de tirs à blanc, tous avions aperçus.

Ces exercices sont effectués, progressivement, à moyennes puis à hautes altitudes (supérieures à 3.500 mètres) le jour, puis à l'aube et au crépuscule, enfin au cours d'exercices de vol de durée prolongée, afin d'habituer le tireur à la fatigue réelle d'une observation longtemps soutenue.

Identification des avions étrangers.

296. Enfin, l'instructeur s'ingénie à monter en salle des exercices d'identification à l'aide de photos, tableaux et maquettes représentant des avions des nations étrangères. Il enseigne aux tireurs leurs caractéristiques, ainsi que les particularités qu'ils présentent au point de vue du tir : emplacement des mitrailleuses, angles de feux, angles morts, etc.

297. Entraînement de nuit. — Les tireurs de tourelle des formations de chasse biplaces, de bombardement de jour et, surtout, de bombardement de nuit, sont entraînés à la pratique d'exercices de visée de nuit, au cours de séances pratiques *à terre* et *en vol.*

Cette instruction est également donnée aux tireurs de tourelle des régiments d'observation et des groupes d'accompagnement dans la limite des moyens dont ceux-ci disposent pour l'éclairage des terrains.

298. a. *Exercices à terre.* — Les tireurs en tenue de vol (lunettes, gants fourrés) sont entraînés de nuit à la manœuvre à terre de leur armement et à remédier à tous enrayages ou incidents possibles.

Au cours d'exercices de visée, les tireurs de tourelle sont habitués à pointer rapidement leurs jumelages (munis d'un appareil de visée dont la girouette est immobilisée (1), sur divers points faiblement éclairés (hangars dispersés, baraques de cantonnement, etc.) [2] ou sur des points très lumineux (projecteurs) [2].

299. b. *Exercices en vol.* — Au cours des exercices d'entraînement au vol de nuit, les tireurs effectuent, avec exécution de tirs à blanc, des exercices de visée, soit sur divers points du sol (silhouettes représentant des troupes assemblées, hangars ou baraquements, projecteurs en action, etc.), soit, si possible, sur des avions qui, spécialement désignés, suivent un itinéraire bien déterminé en plan et en altitude, afin d'éviter tous risques d'accidents. En outre, l'avion-tireur et l'avion-objectif ont leurs feux de position et leurs phares d'atterrissage allumés pendant toute la durée de l'exercice.

300. Instruction relative à l'exécution des feux. — L'instructeur enseigne aux tireurs de tourelle, selon les prescriptions de l'article 163, les principes généraux relatifs à l'exécution des feux.

301. L'instructeur entraîne les tireurs à la mise en pratique de ces principes au cours d'exercices de tirs à blanc effectués à terre sur avions-maquettes et en vol sur tous avions aperçus.

CHAPITRE II.

TIRS DE COMBAT.

302. L'instruction du tireur aérien de tourelle est complétée par l'exécution de tirs de combat effectués dans des conditions aussi voisines que possible de la réalité. Ces tirs permettent de contrôler la valeur du tireur de tourelle comme combattant isolé ou dans le groupe.

---

(1) Il est recommandé, dans ces exercices, de ne pas faire usage de la ligne de mire pour tir à terre dont la direction est parallèle à l'axe du canon. Il est bon, pour habituer le tireur à vaincre l'attirance provoquée la nuit par la direction du canon de l'arme, de l'obliger à viser obliquement par rapport à cette direction, en immobilisant la girouette perpendiculairement à l'axe du canon.

(2) C. F. — Règlement provisoire de manœuvre de l'Aéronautique, Livre II, Aviation de bombardement, articles 19, 154, 155.

Ils forment les exécutants à la pratique du tir collectif et développent l'aptitude au commandement des gradés et officiers à tous les échelons.

Les tirs de combat sont exécutés annuellement d'après un programme fixé par le Chef de corps.

Ils comprennent des *tirs préparatoires aux tirs de combat* et des *tirs de combat proprement dits*.

a. Tirs préparatoires.

303. *Les tirs préparatoires aux tirs de combat* sont exécutés dans les grands champs de tir aérien mis annuellement par le Ministre à la disposition des formations intéressées.

Ils peuvent être exécutés dans les champs de tir aérien de garnison quand la surface de la zone dangereuse de ces champs de tir le permet (1).

304. *Les tirs préparatoires de combat* sont effectués par équipage isolé sur objectif aérien mobile.

L'objectif est constitué par une manche remorquée par avion (2).

Le directeur du tir, en tenant compte du régime du champ de tir, donne :

1° *A l'équipage de l'avion-remorqueur :*

— l'itinéraire à suivre ;

— l'altitude à conserver ;

— les points de repère au sol entre lesquels il pourra donner le signal «on peut tirer» (3).

— l'indication du signal conventionnel qui, par panneau de commandement, lui donnera l'ordre d'atterrissage.

2° *A l'équipage de l'avion-tireur :*

— l'altitude du tir ;

— les distances minimum et maximum de tir ;

— l'indication des signaux qu'il aura à recevoir de l'avion-remorqueur et qui lui permettront ou non de tirer (de façon à ce que les impacts au sol se produisent dans les limites de la zone dangereuse (3) ;

— le nombre de passes de combat à effectuer au cours du tir.

---

(1) Voir Instruction relative à l'établissement et à l'utilisation des divers champs de tir de jour de l'Aéronautique, approuvée par D. M. 42.296 2/4 du 4 novembre 1924.

(2) Voir Annexe X. Description de la manche H.

(3) Voir Instruction relative à l'établissement et à l'utilisation des divers champs de tir de jour de l'Aéronautique, approuvée par D. M. 42.296-2/4 du 4 novembre 1924.

305. Le tableau n° VI donne la série des tirs préparato ire de combat à effectuer.

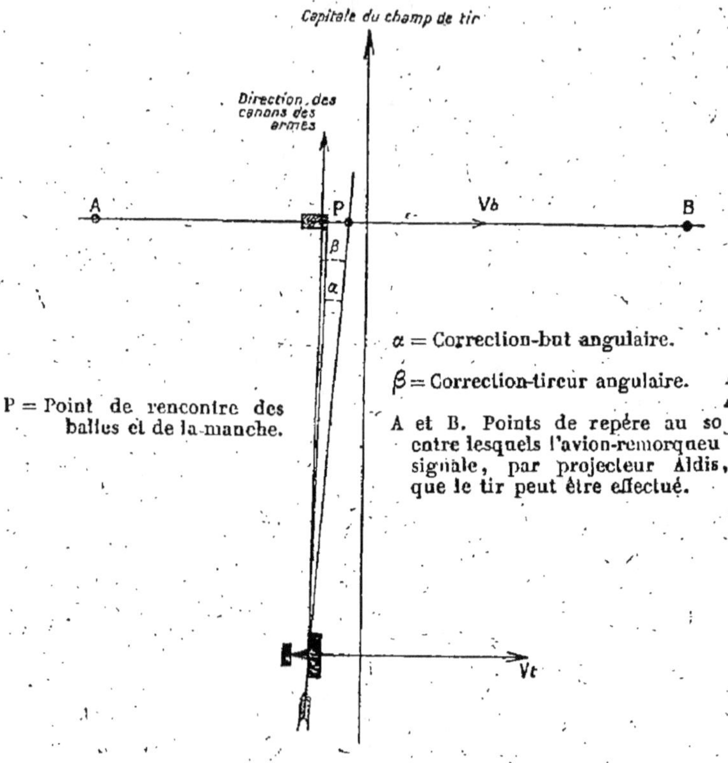

Fig. 35.

Tir bord à bord.

Données choisies pour l'exemple considéré :

Distance de tir : 100 mètres.
Vitesse de l'avion-remorqueur : 35 mètres s.
Vitesse de l'avion-tireur : 45 mètres s.
Vitesse initiale : 800 mètres s.
Correction-but : 4 m. 55.
Correction-tireur : 5 m. 60.

Ces tirs sont enregistrés sur le carnet individuel de tir. On compte trois points par balle ayant atteint la manche.

Aucune condition minimum n'est exigée pour passer d'un tir au tir suivant.

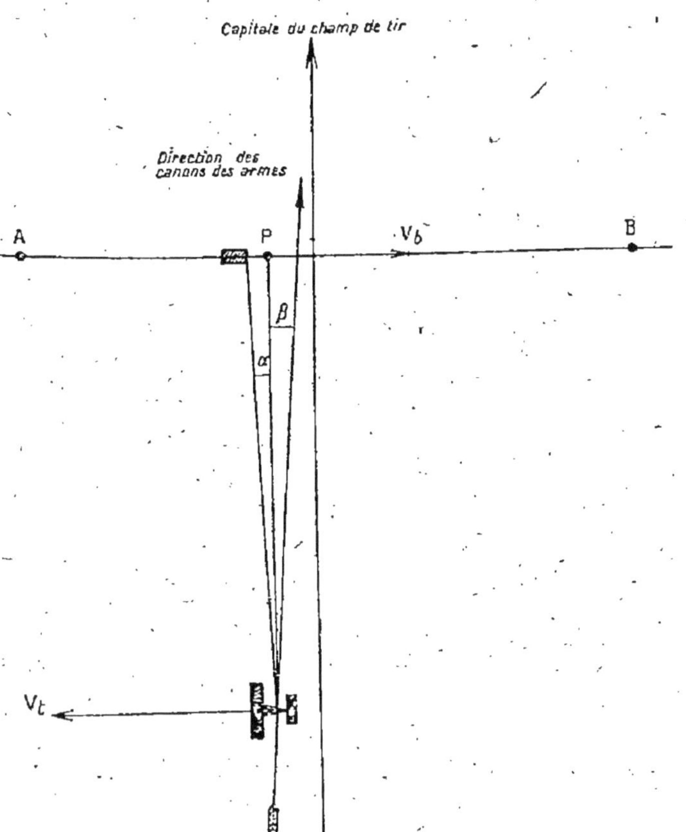

Fig. 36. — Tir à contre bord.

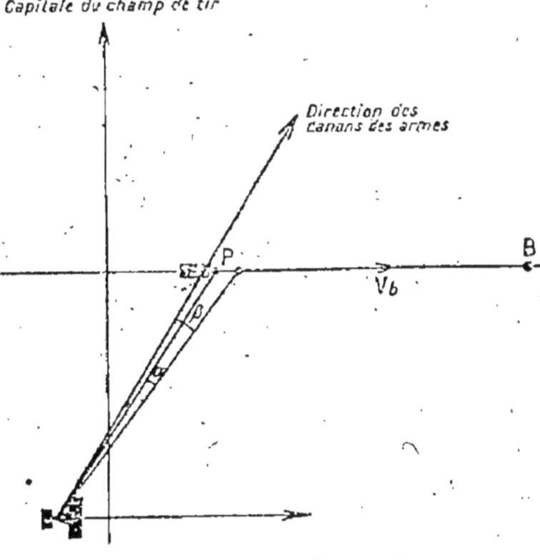

Fig. 37. — Tir 3/4 arrière (en dessus ou en dessous).

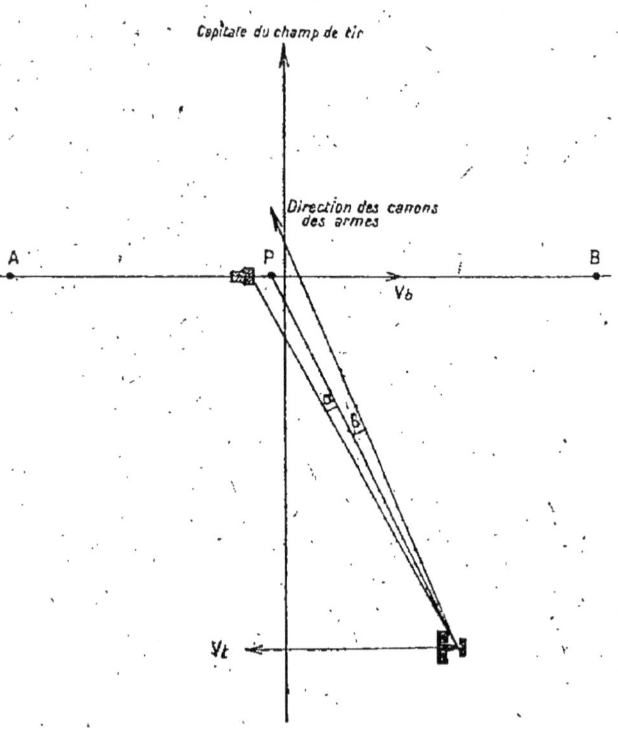

Fig. 38. — Tir 3/4 avant (en dessous ou en dessus)

TABLEAU N° VI.

Tirs préparatoires de combat pour tireur de tourelle (1).

NUMÉRO des tirs.	GENRE DE TIR.	NOMBRE DE CARTOUCHES par tir.
44	Tir sur manche remorquée attaquée par l'avion-tireur volant parallèlement dans le même sens et à la même altitude. Distance de combat de 200 à 400 mètres. 3 passes de combat au cours du tir (voir figure 35). Tir bord à bord. Longueur du câble de remorque : 600 mètres.	122 cartouches à balles, 42 cartouches traçantes (2 chargeurs de 41 cartouches par mitrailleuse.
45	Tir sur manche remorquée attaquée par l'avion-tireur volant parallèlement en sens opposé et à même altitude. Distance de combat : 200 à 400 mètres. 3 passes de combat au cours du tir (voir figure n° 36). Tir à contre-bord. Longueur de la remorque : 600 mètres.	Idem.
46	Tir sur manche remorquée attaquée par l'avion-tireur de 3/4 arrière et en dessus. Distance de combat : 300 mètres. Différence d'altitude : 100 mètres. 3 passes de combat au cours du tir (voir figure n° 37). Longueur de la remorque : 600 mètres.	Idem.
47	Tir sur manche remorquée attaquée par l'avion-tireur de 3/4 avant et en dessus. Distance de combat : 300 mètres. Différence d'altitude : 100 mètres. 3 passes de combat au cours du tir (voir figure n° 38). Longueur de la remorque : 600 mètres.	Idem.
48	Tir sur manche remorquée attaquée par l'avion-tireur de 3/4 arrière et en dessous (2). (Mêmes conditions que pour le tir n° 44).	Idem.
49	Tir sur manche remorquée attaquée par l'avion-tireur de 3/4 avant et en dessous (3). (Mêmes conditions que pour le tir n° 46).	Idem.

(1) Si certains tireurs n'obtiennent aucun résultat après trois séances de tir consécutives, l'instructeur doit rechercher les causes de ces résultats négatifs ; à cet effet, le tireur effectue sur manche remorquée des tirs photographiques afin qu'il soit possible de déterminer la grandeur et le sens des erreurs commises. Une bobine de pellicule est, à cet effet, réservée par tireur, sur l'allocation annuelle.

(2) Si le régime du champ de tir permet l'exécution de tirs sous des angles positifs.

b. **Tirs de combat proprement dits.**

306. Les tirs de combat proprement dits sont toujours exécutés dans le cadre d'opérations nettement définies au cours desquelles le commandement s'efforce de faire revivre des opérations de guerre préalablement étudiées ou des opérations dont le thème aura été développé en salle.

Ils donnent lieu, qu'ils soient individuels ou collectifs :

a. *De la part du directeur des tirs :*

1° à la rédaction d'ordres d'opérations plaçant les exécutants dans une situation tactique déterminée, correspondant à la fois au genre de tir à exécuter, aux possibilités permises par le champ de tir aérien sur lequel ils sont effectués et à l'importance de l'unité à laquelle ils s'adressent.

Ces ordres fixent toujours, de façon très précise, les précautions à prendre par tous pour éviter les accidents possibles et pour demeurer dans la vraisemblance ;

2° à une critique des manœuvres exécutées et des résultats matériels obtenus rapportés à la situation tactique supposée.

b. *De la part du commandement des unités prenant part aux tirs :*

1° à la rédaction d'ordres plaçant les unités, selon les dispositions du tableau de travail établi par le directeur du tir dans l'une des positions de repos, d'attente ou d'alerte(1);

2° à la rédaction d'ordres d'exécution indiquant les équipages prenant part au tir et fixant :

— les objectifs ;
— l'itinéraire ;
— le genre de tir à effectuer ;
— les munitions à emporter ;
— l'altitude à laquelle aura lieu le tir ;
— la distance minimum de combat ;
— les manœuvres à faire pour dégager le champ de tir, etc.

c. *De la part des exécutants,* considérés soit individuellement, soit comme chef des unités ayant pris part à l'action (chef de patrouilles, chef de pelotons, chef d'escadrilles, commandants de groupes, etc.) :

— à des comptes rendus d'exécution dans lesquels chacun fera ressortir les difficultés qu'il aura rencontrées et ses propositions pour y remédier.

307. *Les tirs de combat proprement dits* sont exécutés sur les grands champs de tir aérien mis à la disposition des ré-

---

(1) Voir Règlement provisoire de manœuvre de l'Aéronautique, 2ᵉ partie, l'Aéronautique au combat, livre II, titre II, l'Aviation de Bombardement, article 44.

giments suivant un tableau d'occupation établi annuellement par le Ministre.

308. Le tableau n° VII donne, *à titre d'exemple*, une série de *tirs de combat proprement dits*. Les Chefs de corps pourront s'en inspirer en tenant compte des possibilités des grands champs de tir aérien sur lesquels ils auront à les faire exécuter.

Les tirs effectués sont enregistrés sur le carnet individuel de tir. Seuls les tirs individuels donnent lieu à notation.

TABLEAU N° VII.

Exemple de tirs de combat proprement dits à effectuer sur grands champs de tir aérien par les tireurs de tourelle complètement instruits. (Ces tirs doivent toujours être exécutés dans le cadre d'une situation tactique supposée.)

N° DES TIRS.	GENRE DE TIR.	OBJEC-TIF.	NOMBRE DE SÉANCES.	MUNITIONS ALLOUÉES par tireur.	OBSER-VATIONS.
	a. TIRS INDIVIDUELS. *Tir photographique.*				
Tir n° 1.	Attaque d'un avion ayant possibilité de manœuvrer pour gêner le tir de l'attaquant.	Avion bi ou multi-place muni d'une mitrailleuse photographique.	1	1 bobine de pellicules de 6 poses. (3 poses par objectif multiplace.)	(1) Voir tir n° 8. Tireur de capot. Peut être effectué en garnison.
		Avion monoplace (1) muni d'une mitrailleuse photographique.	1	(3 poses par objectif monoplace.)	
Tir n° 2.	*Tir réel sur manche remorquée volant parallèlement au tireur et dans le même sens.*	Manche remorquée.	2	180 cartouches à balles, 60 cartouches traçantes, 4 chargeurs, 60 cartouches pour chacune des mitrailleuses.	À effectuer dans grands champs de tir aérien.

N° DES TIRS.	GENRE DE TIR.	OBJEC-TIF.	NOMBRE DE SÉANCES.	MUNITIONS ALLOUÉES par tireur.	OBSER-VATIONS.
Tir n° 3.	Même tir sur manche volant parallèlement au tireur en sens inverse.	Manche remorquée.	2	180 cartouches à balles, 60 cartouches traçantes, 4 chargeurs, 60 cartouches pour chacune des mitrailleuses.	A effectuer dans grands champs de tir aérien.
Tir n° 4.	*Tir réel.* — Intervention dans la lutte au sol. Attaque d'une formation d'infanterie rassemblée et représentée par silhouettes.	Silhouettes.	2	*Idem.*	*Idem.*
	b. TIRS COLLECTIFS.				
	Tir réel de 3 avions échelonnés en largeur, profondeur et altitude. Attaque d'une manche remorquée volant à même altitude que l'avion médian du peloton, et dans le même sens de marche que le peloton. Distance moyenne d'attaque : 300 mètres. 1 passe de tir.	Manche remorquée.	2	180 cartouches à balle, 60 traçantes, soit 4 chargeurs de 60 cartouches.	A effectuer dans grands champs de tir aérien.
	Même tir ; la manche volant parallèlement au peloton et en sens inverse.		2	*Idem.*	*Idem.*
	Vol en peloton de 3 avions. Tir photographique contre un avion monoplace attaquant le groupe.	Avion monoplace.	1	1 bobine de pellicules de 6 poses par tireur.	Peut être effectué en garnison.
	Tir photographique. — Vol en peloton de 5 avions sur 2 avions monoplaces attaquant le groupe ; chacun des avions monoplaces est pourvu d'une mitrailleuse photo (1).	Avion monoplace.	1	*Idem.*	(1) Voir tir n° 9. Tireur do capot.

ANNEXES

ANNEXE I.

APPAREILS DE VISÉE.

APPAREIL DE VISÉE POUR TIREUR DE CAPOT.

Collimateur Chrétien grand modèle.

1. Description. — Le collimateur Chrétien grand modèle est une lunette à grossissement un, c'est-à-dire qu'elle ne grossit ni ne diminue les objets, ceux-ci apparaissant indentiques, qu'on les regarde à travers le collimateur ou par vision directe.

Le collimateur comporte, à l'intérieur, un réticule sur lequel sont marqués quatre cercles concentriques; le centre des cercles, projection de l'axe optique de la lunette, est figuré par une croix.

Les cercles concentriques sont tels que (figures 14 et 15):

— le diamètre du cercle intérieur couvre 80 millièmes;

— le diamètre du deuxième cercle couvre 112 millièmes:

— le diamètre du troisième cercle (cercle interrompu) couvre 160 millièmes;

— le diamètre du quatrième cercle (amorcé aux extrémités des rayons) couvre 224 millièmes.

2. *Montage.* — Selon la disposition de l'armement du capot, le collimateur peut se fixer sur l'arme ou sur l'avion par l'intermédiaire d'un support livré avec l'avion.

Le collimateur est fixé sur la mitrailleuse Vickers pour tir à terre par l'intermédiaire d'un support rigide.

APPAREILS DE VISÉE POUR TIREUR DE TOURELLE.

I. Ligne de mire Reille-Soult.

1. L'appareil de visée réglementaire pour le tir de tourelle permet à la fois :

— l'exécution automatique de la correction-tireur ;

— l'emploi d'une méthode simple pour effectuer la correction-but.

Cet appareil de visée s'appelle *la ligne de mire Reille-Soult* ou, en abrégé, ligne de mire R.-S.

2. *Description de la ligne de mire R.-S.* — Cette ligne de mire (fig. 40) se compose de trois parties :

— le support ;

— l'œilleton ;

— la girouette.

Le support comprend : la semelle et deux colliers. La semelle est en bronze et porte, à l'avant, une douille pouvant coulisser le long de cette semelle, et, à l'arrière, une douille excentrée qui est bloquée par serrage.

Le support repose sur le canon par deux parties taillées à l'intérieur de la semelle à hauteur des colliers.

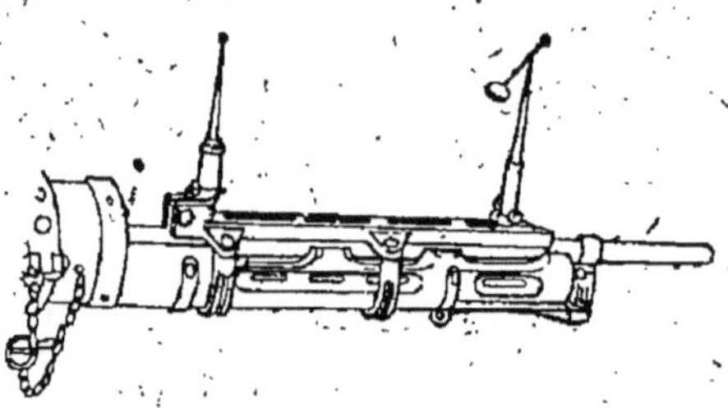

Fig. 40.

L'œilleton est constitué par un anneau fixé à l'extrémité d'une tige conique. Cette tige peut être réglée en hauteur par vissage dans un manchon fileté, lequel est bloqué par un contre-écrou.

Le manchon entre à frottement doux dans la douille excentrée permettant le réglage en direction. Le manchon est maintenu à sa position convenable à l'aide d'une goupille fendue.

Là girouette est composée d'une tige ayant une extrémité filetée sur laquelle se visse une boule de visée; l'autre extrémité est terminée par un empennage circulaire.

La girouette est mobile autour d'un axe horizontal solidaire d'une douille laquelle est mobile autour de l'axe de la tige tronc-conique (hampe porte-girouette).

La hampe entre, à frottement doux, dans la douille avant où elle est maintenue par une goupille fendue.

3. La possibilité de rotation de la girouette autour d'un axe longitudinal et d'un axe vertical lui permet de s'orienter dans toutes les directions, quelle que soit la position de l'arme sur l'avion.

L'existence de l'empennage fait que la girouette s'oriente dans le vent provoqué par le déplacement de l'avion, c'est-à-dire d'une façon très sensiblement parallèle à l'axe du fuselage de l'avion-tireur, la boule dirigée vers l'avant de celui-ci.

4. *Longueur de la ligne de mire.* — On appelle longueur de la ligne de mire la distance entre l'axe de la tige porte-œilleton et l'axe de la hampe porte-girouette.

5. *Longueur de la girouette.* — On appelle longueur de la girouette la distance entre l'intersection de ses axes de rotation et la boule de visée.

La girouette, devant permettre au tireur l'exécution automatique de la correction-tireur, devra avoir une longueur calculée en fonction :

1° du rapport de la vitesse de l'avion-tireur à la vitesse initiale du projectile : $\dfrac{V_t}{V_o}$;

2° de la longueur l de la ligne de mire.

On démontre que la longueur g de la girouette doit être égale à : $g = \dfrac{V_t}{V_o} l$. c'est-à-dire au quotient par la vitesse initiale du projectile (exprimée en mètres-seconde) du produit de la vitesse de l'avion-tireur (exprimée en mètres-seconde) par la longueur de la ligne de mire (exprimée en mètres).

Pour obtenir la longueur ainsi trouvée :

1° Déplacer la boule de visée le long de la tige filetée jusqu'à ce que la distance de l'intersection des axes de la girouette au centre de la boule soit égale à la longueur trouvée;

2° Immobiliser la boule par un grain de soudure;

3° Couper à ras l'extrémité débordante de la tige.

6. Dans le cas où, pour une raison quelconque, on ne peut déplacer la boule de la girouette, on agit sur la longueur *l* de la ligne de mire d'après la formule :

$$l = g \frac{V_o}{V_t}.$$

7. *Montage de la R.-S.* — Pour monter la ligne de mire sur la mitrailleuse, exécuter les opérations suivantes dans l'ordre indiqué :

1° Fixer la semelle le plus en avant possible jusqu'à ce qu'elle vienne buter contre le guidon naturel de l'arme;

2° Donner à la ligne de mire la plus grande longueur possible afin de rendre la visée plus commode et plus précise;

3° Déterminer la longueur de la girouette comme il a été expliqué précédemment;

4° Régler la ligne de visée : œilleton-axe de la girouette d'après les principes exposés à l'Annexe II.

8. *Démontage de l'appareil de visée au cours du nettoyage de l'arme.* — Le procédé de fixation des organes de visée (girouette et œilleton) permet de les retirer de l'arme après chaque vol sans qu'il résulte aucun déréglage de la ligne de mire. Il est recommandé d'enlever ces deux pièces (pour éviter qu'elles ne soient faussées ou détériorées au cours du nettoyage de l'arme) et de les placer dans leur boîte.

9. *La R.-S. sur jumelage.* — La ligne de mire R.-S. peut se monter indifféremment sur l'une ou sur l'autre mitrailleuse du jumelage à la convenance du tireur.

II. Ligne de mire pour tir à terre.

1. *Description et montage.* — La ligne de mire R. S. pour tir à terre comprend trois parties :

- le support;
- l'œilleton;
- la boule.

Le support comprend la semelle et les deux colliers. La semelle porte à l'avant une douille excentrée et est munie à l'arrière d'une série de trous. La semelle repose sur les colliers entourant la partie antérieure et postérieure du manchon.

L'œilleton est constitué par un anneau fixé à l'extrémité d'une tige aplatie. Cette tige est maintenue par deux boulons dans l'un des trous de la semelle suivant la longueur à donner à la ligne de mire.

La boule est fixée à l'extrémité d'une tige aplatie vissée dans le manchon excentré permettant le réglage en hauteur et en direction.

2. *Réglage.* — La ligne de mire pour tir à terre est réglée selon les procédés exposés à l'Annexe II d'après la formule :

$$l = g\frac{V_{\circ}}{V_t}.$$

III. Ligne de mire E. T. Aé.

1. La ligne de mire E.T. Aé, comme la ligne de mire Reille-Soult, se compose essentiellement d'une girouette et d'un œilleton.

La visée s'effectue en centrant la boule dans l'œilleton et en plaçant le tout sur l'extrémité de la correction-but appréciée en longueur du fuselage apparent.

2. En connaissant la distance de l'œil au cercle (dont la position varie d'ailleurs avec la vitesse du tireur), il est possible d'utiliser le cercle entourant l'œilleton pour diverses indications télémétriques.

3. Le réglage de la ligne de mire E.T. Aé s'effectue (comme dans le cas de la ligne de mire R.-S. à girouette de longueur fixe) en agissant sur la longueur de la ligne de mire.

ANNEXE II.

RÉGLAGE DES ARMES ET DES APPAREILS
DE VISÉE.

1. Le tireur aérien, instruit des difficultés qu'il aura à vaincre et dressé à l'exécution exacte et automatique des diverses corrections pour chaque cas particulier du combat aérien, ne pourra cependant prétendre obtenir de résultats convenables qu'autant que les armes dont il se servira seront précises et reglées.

Il est évident, en effet, qu'à qualités égales entre adversaires, l'avantage restera à celui qui possédera l'arme la plus précise et la mieux réglée.

Il est donc indispensable pour le tireur aérien de posséder les connaissances suffisantes pour s'assurer de la précision de son arme et pour effectuer sur celle-ci toutes les opérations utiles à son bon réglage.

2. *L'étude du réglage des armes et des appareils de visée est une partie délicate de l'instruction qui doit faire l'objet, de la part des instructeurs, d'une attention toute particulière.*

3. Les appareils de visée des mitrailleuses d'avion ne sont pas, comme ceux des pièces pour tir à terre, fixés et réglés une fois pour toutes en manufacture.

Livrés séparément, ils sont montés et réglés au gré du tireur aérien; c'est donc à celui-ci qu'incombe le soin de prendre toutes les précautions utiles pour obtenir de son arme le meilleur rendement.

4. Une arme est précise lorsqu'elle est bien établie et que les munitions sont assez bonnes pour que les balles forment sur la cible un groupement serré.

La mitrailleuse Lewis est une arme précise. Tirée coup par coup et dans de bonnes conditions, elle envoie toutes ses balles dans un cercle dont le diamètre est sensiblement égal aux 2/1000ᵉ de la distance de tir, soit 0 m. 20 à 100 mètres.

5. Une arme précise est réglée quand son appareil de visée est disposé de telle sorte que les balles tirées dans des conditions normales atteignent le but quand le tireur vise correctement ce but.

6. Avant de procéder au réglage d'une ligne de mire, il est essentiel que le tireur connaisse les notions élémentaires du réglage communes à tous les appareils de visée et à toutes les armes.

Pour régler une arme, il suffit de déplacer l'un des deux organes de visée jusqu'à ce que le point visé et le centre du groupement coïncident.

Si, par exemple, dans l'exécution d'un tir, le groupement se forme en bas et à gauche du point fixé, il faut :

Soit **régler par le guidon :** déplacer le guidon vers le bas et à gauche, c'est-à-dire dans la direction de l'écart constaté; en d'autres termes, diminuer sa hauteur et le porter plus à gauche de l'axe du canon;

Soit **régler par la hausse :** déplacer la hausse vers le haut et à droite, c'est-à-dire dans la direction opposée à l'écart constaté, par conséquent, augmenter sa hauteur et la pousser plus à droite.

Ces deux règles très simples sont fondamentales, et il est nécessaire de les connaître littéralement.

On pourra se servir comme aide-mémoire des lettres suivantes :

G. D. E. (Guidon, Direction, Écart).

H. D. C. (Hausse, Direction, Contraire).

Inversement, avec une arme réglée :

Si on pousse le guidon vers la droite, l'arme porte à gauche.

Si on pousse la hausse vers la droite, l'arme porte à droite.

Si on abaisse le guidon, l'arme porte plus haut.

Si on abaisse la hausse, l'arme porte plus bas, etc.

7. Pour faire un réglage sérieux, on doit tenir compte des conditions atmosphériques : il faut, autant que possible, procéder par beau temps ou, tout au moins (dans un stand découvert), lorsque le vent est sensiblement nul.

En effet, le vent influe sur la direction des balles; par un vent de 10 m. s. par exemple, soufflant latéralement, l'écart entre le point visé et le point atteint est de 1 m. 20 à la distance de 400 mètres; il n'est que de 7 centimètres seulement à 100 mètres.

8. Réglage de l'armement de tourelle. — Le jumelage Lewis est seul employé à l'heure actuelle comme arme de tourelle.

Il est nécessaire de vérifier avant tout réglage de l'appareil de visée :

1° *Les armes elles-mêmes :* Vérifier en particulier que les rayures des canons soient bien nettes, que le mécanisme fonctionne sans dureté;

2° *Le parallélisme des deux armes sur le support* : Par construction, le support S. M. 62 (employé actuellement) et l'entretoise-arrière munie de la crosse n° 2 *bis* assurent le placement des deux armes dans deux plans verticaux parallèles (l'écartement de ces deux plans passsant chacun par l'axe du canon est de 22 centimètres).

Toutefois il est bon de s'en assurer, soit en mesurant 22 centimètres d'axe en axe d'abord à la bouche des canons, puis entre le milieu de la semelle de la hausse d'une mitrailleuse au milieu de la semelle correspondante de l'autre, soit en plaçant sur la cible et sur le même plan horizontal deux plans écartés de o m. 22 l'un de l'autre.

On visera ces points par l'âme des canons, après avoir enlevé le mécanisme de culasse et le bloc porte-poignée.

La vérification des armes terminée, le tireur procède au réglage de son appareil de visée (ligne de mire R.-S.).

Le réglage comprend deux opérations :

a. Réglage de la girouette;

b. Réglage de l'ensemble monté sur l'arme,

a. Réglage de la girouette. — On appelle longueur de la girouette, la distance qui sépare le point d'intersection des axes de rotation et le centre de la boule de visée.

Régler la girouette, c'est déterminer la longueur à lui donner (g) :

Cette longueur dépend :

a) — de la vitesse moyenne de l'avion-tireur (Vt).

b) — de la longueur de la ligne de mire (l).

c) — de la vitesse de la balle à la bouche du canon (V_0).

On démontre que la longueur de la girouette est donnée par la formule : $g = \dfrac{l \times Vt}{V_0}$.

Dans ce calcul, la vitesse de l'avion-tireur (Vt) est exprimée en mètres-seconde.

EXEMPLE : Un avion a une vitesse de 180 k. h., soit 50 m. s. La longueur de la ligne de mire (de l'axe de la girouette à l'œilleton) étant de 20 centimètres, par exemple, et la vitesse de la balle de 800 mètres seconde, on a :

$$g = \frac{0,20 \times 50}{800} = 12^{m/m}5,$$

soit 13 millimètres en chiffres ronds.

b) *Réglage de l'ensemble monté sur l'arme.* — Le réglage de l'ensemble est effectué au stand spécial pour le tir de mitrailleuse montée sur avion et aux distances réduites de 40 ou 50 mètres (1).

On dispose, dans tous les cas, d'une cible blanche de 2 × 2, par exemple, avec, comme visuel, une croix noire formée de deux bandes de 10 à 12 centimètres de largeur.

9. Modes de réglage. — On peut distinguer deux modes de réglage :

Réglage par parallélisme.

Réglage par convergence.

I. — *Réglage par parallélisme.*

10. Les mitrailleuses jumelées étant supposées parallèles, ne s'occuper que de l'arme munie de la ligne de mire R. S.

On dit qu'une arme est réglée par parallélisme pour une portée déterminée, quand elle est réglée de telle façon qu'elle laisse subsister, au cours des tirs de groupement, entre le point moyen et le point visé, une distance égale au décalage de l'appareil de visée par rapport à la ligne de mire naturelle, c'est-à-dire, très sensiblement par rapport au canon.

Le décalage de la ligne de mire R. S., au-dessus de l'axe du canon de la mitrailleuse Lewis, étant de 15 centimètres, si l'on fait que cette ligne de mire soit parallèle à l'axe du canon et que l'on tire sur une cible placée à 1 mètre, le point moyen du groupement effectué sera placé sur la cible à 0 m. 15 au-dessous du point visé.

De même, une mitrailleuse avec ligne de mire R. S. dont les balles ont atteint une cible placée à 400 mètres à 0 m. 15 au-dessous du point visé est dite reglée par parallélisme pour la portée de 400 mètres.

Étant donné la dispersion des armes et les dimensions des objectifs, on peut admettre comme suffisant un réglage par parallélisme obtenu pour un appareil de visée dont le décalage par rapport au canon ne dépasse pas 0 m. 50 environ.

II. — *Réglage par convergence.*

11. On dit qu'une arme est réglée par convergence pour une distance déterminée, quand la ligne de mire aboutit exactement au point moyen d'un groupement effectué sur une cible placée à cette distance.

---

(1) Voir Notice pour l'utilisation du stand pour tir à terre des mitrailleuses montées sur avions du 17 juin 1922.

Soit une mitrailleuse munie d'une R. S. et tirant sur un visuel en croix placé à la distance de 1 mètre.

Si on élève progressivement l'œilleton et si l'on maintient toujours la ligne de mire horizontale, on élèvera progressivement la bouche du canon et il arrivera un moment où les balles se grouperont autour du centre de la croix.

L'arme est alors réglée par convergence pour la distance de 1 mètre.

De même, si la ligne de mire aboutit au centre d'un groupement effectué sur une cible placée à 400 mètres, l'arme sera réglée par convergence pour la distance de 400 mètres.

12. Le réglage par convergence est évidemment plus précis que le réglage par parallélisme, mais, pour l'exécution d'un tir aérien à une distance 400 mètres, les deux modes de réglage sont comparables quant à la précision et à la valeur effective du tir.

13. Il est, d'autre part, plus commode d'effectuer un réglage par parallélisme ne nécessitant qu'un champ de tir de faible étendue (de 40 ou 50 mètres de longueur) qu'un réglage par convergence lequel exige un champ de tir d'une longueur minimum de 400 mètres.

II. — *Réglage par parallélisme à 400 mètres effectué à une distance de 50 mètres.*

1. On appelle ordonnée d'un point de la trajectoire la distance de ce point à la ligne de mire.

Les tables de tir de la balle A P. X. 4. indiquent que l'ordonnée à 50 mètres de la trajectoire, pour la portée de 400 mètres, est égale à 0 m. 18 (fig. 41), c'est-à-dire que si,

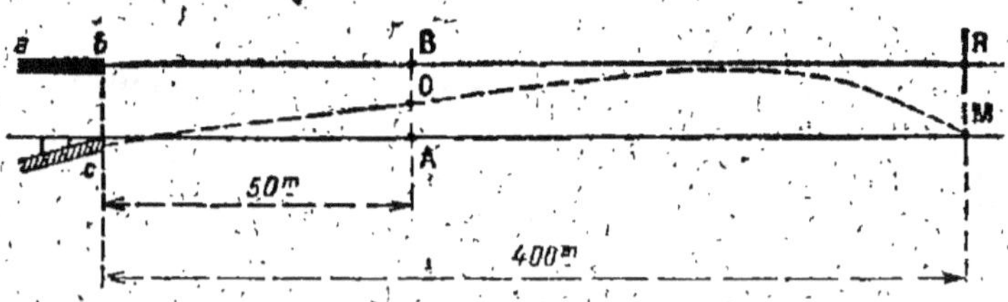

Fig. 41.

ayant visé avec la ligne de mire naturelle de l'arme un point M situé à 400 mètres, on a tiré une balle qui soit arrivée en M, la trajectoire de la balle tirée aura atteint une cible placée à 50 mètres de l'arme en un point o situé à 0 m. 18 au-dessus du point de rencontre A de la ligne de mire naturelle et de la cible.

Pour que le réglage d'un appareil de visée auxiliaire *ab* situé dans le plan de tir et ayant, par rapport à la ligne de mire naturelle (c'est-a-dire sensiblement par rapport au canon de l'arme) un décalage égal à *bc*, soit effectué par parallélisme pour la portée de 400 mètres, il faut et il suffit, que la distance entre le point atteint M et le point visé R soit égale au décalage *b c* de l'appareil de visée. Si cette condition est satisfaite, la ligne de visée de l'appareil auxiliaire rencontre la cible à 50 mètres en un point B tel que :

$$BO = OA - AB \text{ (fig. 42)}$$

ou que :

$$BO = BA - OA \text{ (fig. 41),}$$

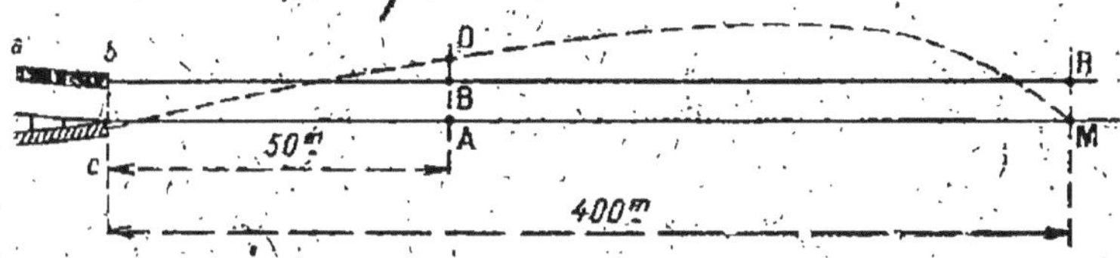

Fig. 42.

En conséquence, pour régler, à 50 mètres, par parallélisme pour la portée de 400 mètres :

15. L'armement de tourelle. — Le décalage vertical de la ligne de mire R. S. par rapport au canon de l'arme étant de 0 m. 15 :

— Effectuer avec la mitrailleuse munie de la ligne de mire R. S. d'un jumelage solidement placé sur un support et rendu fixe par rapport à ce dernier, un tir de groupement d'une dizaine de balles sur une cible placée à 50 mètres exactement de la bouche de l'arme;

— Marquer, sur la cible, un point situé à 0 m. 03 à la verticale et au-dessous du point moyen du groupement:

— Immobiliser la girouette à 45° au moyen d'un petit morceau de caoutchouc rentré dans la fente du support;

— Amener, sur le point marqué, par déplacement convenable de l'œilleton dans le sens latéral et dans le sens vertical la ligne de visée œilleton-intersection des axes de rotation de la girouette.

REMARQUE : L'ordonnée de la trajectoire à 40 mètres, pour la portée de 400 mètres est, pour la balle A.P.X.4., égale à 0 m. 15.

Le réglage de la ligne de mire R. S., peut, en conséquence, s'effectuer très commodément en exécutant, dans les mêmes conditions que précédemment, un groupement sur une cible placée à 40 mètres et en amenant, sans déplacer l'arme, la ligne de visée œilleton-intersection des axes de rotation sur le point moyen obtenu (fig. 43).

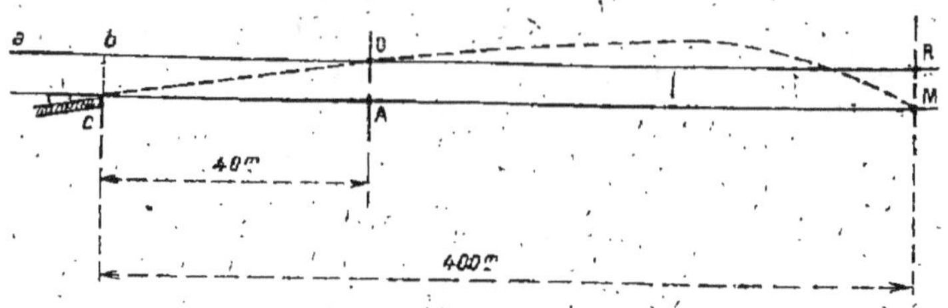

Fig. 43.

On voit qu'en réglant ainsi *par convergence* à 40 mètres, on a réglé la ligne de mire Reille-Soult par parallélisme pour la portée de 400 mètres.

16. L'armement de capot.

a) *Sur Bréguet.* — Mettre l'avion sensiblement en ligne de vol à l'aide d'un niveau d'eau placé sur le bâti-moteur;

— Ouvrir le couvercle postérieur de la mitrailleuse; placer le niveau d'eau sur les flasques et soulever ou abaisser l'avant de la mitrailleuse pour amener la bulle du niveau entre ses repères en vissant ou dévissant l'écrou supérieur du support avant. Bloquer l'écrou supérieur du support avant;

— Placer à 50 mètres en avant de la bouche de l'arme, une cible de 2 mètres $\times$ 2 mètres sur laquelle a été tracé un axe vertical CD d'une largeur de 0 m. 10 à 0 m. 12 (fig. 44);

— Placer un fil à plomb au nez de l'hélice et un second fil à plomb à la queue de l'avion et dans le plan de symétrie de ce dernier. Se porter en arrière et faire déplacer l'avion de manière que l'axe vertical tracé sur la cible apparaisse dans le plan vertical déterminé par les deux fils à plomb;

— Mesurer la distance EF (fig. 44) séparant le plan de symétrie de l'avion du plan vertical passant par l'axe du canon de l'arme; reporter en GH cette distance sur la cible et à partir de l'axe vertical;

— Tracer, par le point ainsi obtenu, une parallèle KL à l'axe vertical;

— Agir sur le carré du support arrière de manière à amener le prolongement de l'axe du canon sur cette parallèle;

— Effectuer, coup par coup, un tir d'une dizaine de cartouches sur la cible à 50 mètres et déterminer le point moyen O du groupement (ce point moyen doit être situé sur la parallèle à l'axe vertical);

— Indiquer sur la cible un point N_1 situé par rapport au point O *à une distance horizontale* N_1R_1 égale au décalage

latéral NR du collimateur par rapport au canon de l'arme; et
à une distance verticale R₁O égale à la différence entre le dé-

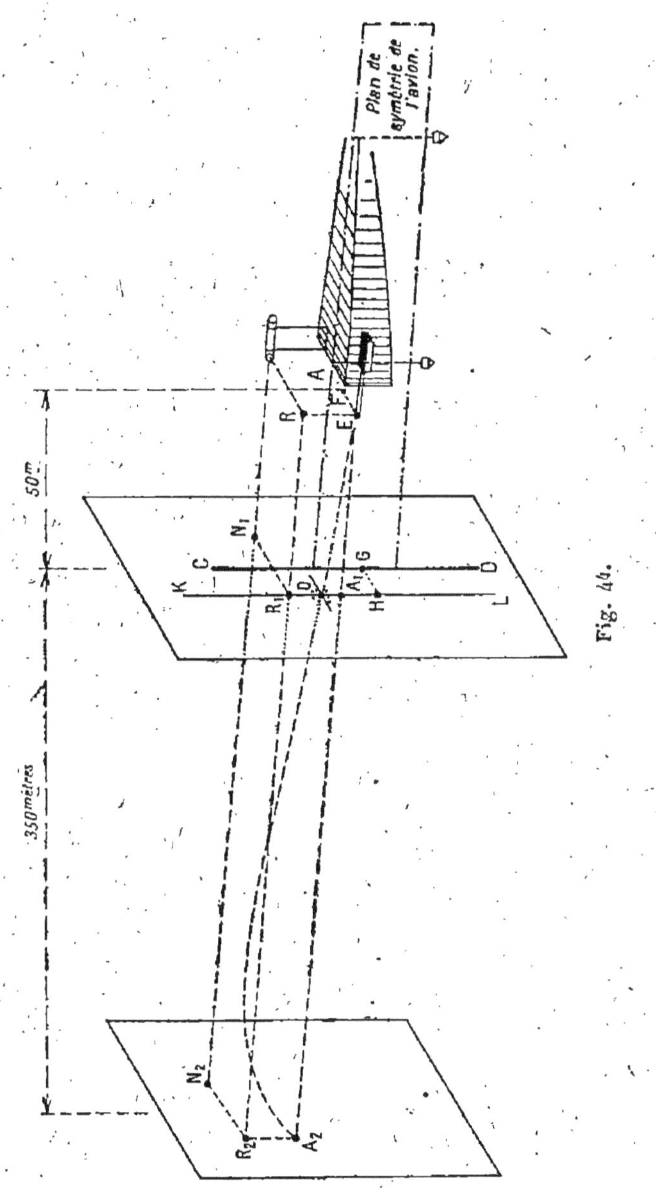

calage vertical du collimateur et l'ordonnée, c'est-à-dire à :
RE — o m. 18.

— Amener, sans déplacer ni l'arme, ni l'avion, la croix
centrale du réticule sur le point N₁ (fig. 44).

La droite AA₁A₂ étant la ligne de mire naturelle de l'arme, on a :

Longueur OA₁ égale l'ordonnée à 5o mètres de la trajectoire pour la portée 4oo mètres (soit o m. 18).

Le point N₂, visé à 4oo mètres, est décalé par rapport au point A₂ comme le collimateur est décalé par rapport à la ligne de mire naturelle, c'est-à-dire (sensiblement) par rapport au canon.

b) *Sur Nieuport 29.* — Dans les avions type Nieuport, les mitrailleuses sont fixées sur des supports placés eux-mêmes sur plaque de renforcement dont l'axe se trouve, par construction, dans le plan de symétrie de l'avion.

Les deux supports avants permettent de donner aux mitrailleuses un écartement de o m. 22 entre axes des canons à la bouche.

Pour obtenir le réglage en direction :

— Placer un premier fil à plomb au nez du moteur et un second à la queue de l'avion ;

— Tracer un axe vertical sur la cible de 2 mètres × 2 mètres.

— Amener l'avion de manière que la distance entre les bouches des armes et la cible soit égale à 5o mètres. Placer l'avion sensiblement en ligne de vol, au moyen d'un niveau, ainsi qu'il a été expliqué précédemment ;

— Déplacer l'avion de façon que l'axe vertical tracé sur la cible soit contenu dans le plan vertical de symétrie déterminé par les deux fils à plomb ;

— Tirer coup par coup quelques cartouches avec chacune des mitrailleuses ;

— Prendre le point moyen de chaque groupement.

Chacun de ces points doit se trouver à o m. 11 de l'axe vertical de la cible. Sinon, agir sur le carré de l'axe arrière du support de chaque mitrailleuse pour ramener chacun des points moyens à o m. 11 de l'axe vertical tracé sur la cible

Le réglage des armes en direction étant obtenu, le réglage de l'appareil de visée est effectué, ainsi qu'il a été dit pour l'armement de capot du Bréguet, en dirigeant la croix du réticule du collimateur sur un point situé, par rapport au point moyen du groupement précédent d'une des mitrailleuses, à une distance horizontale égale au décalage latéral entre le collimateur et le canon de cette mitrailleuse et à une distance verticale égale au décalage vertical entre le collimateur et l'arme moins o m. 18.

ANNEXE III.

DOTATION EN MATÉRIEL D'INSTRUCTION
POUR L'INSTRUCTION DU TIR AÉRIEN.

DÉSIGNATION.	RÉGIMENT.	GROUPE.	ESCADRILLE.	PAR TIREUR.	OBSERVATIONS.
I. — MATÉRIEL FOURNI PAR LE SERVICE DE L'ARTILLERIE.					
Les dotations en matériel d'armement fourni par le Service de l'Artillerie sont indiquées au volume 19 (Service de l'Armement).					
II. — MATÉRIEL FOURNI PAR LE SERVICE DE L'AÉRONAUTIQUE.					
Ligne de mire R. S. d'exercice.	»	»	1	»	
Ligne de mire R. S. spéciale pour mitrailleuse Lewis de tir à terre.	»	»	1	»	
Ligne de mire pour mitrailleuse photographique de tourelle.	»	»	4	»	
Collimateur Chrétien pour Vickers de tir à terre.	»	»	1	»	Utilisé également pour l'instruction du tir aérien.
Tableau pour l'entraînement au collimateur Chrétien.	»	»	1 jeu.	»	
Avions-cibles..............	»	»	1 jeu.	»	
Appareil P. P.............	»	»	2	»	
Avion - maquette pour étude des corrections (avec tige correction but).	»	»	2	»	
Avion-maquette pour tir réduit (ou tir réel) [avec tige correction but, support à rotule et trépied].	»	3	»	»	
Maquette de mitrailleuse avec trépied support et dispositif pour appareils de visée.	»	»	2	»	
Bâti support de tourelle..	»	»	1	»	
Bâti spécial pour tourelle pour tir réduit sur avions-maquettes grandeur réduite.	»	1	»	»	

DÉSIGNATION.	RÉGIMENT.	GROUPE.	ESCADRILLE.	PAR TIREUR.	OBSERVATIONS.
Carlingue spéciale pour tir de capot sur avions-maquettes grandeur réduite.	»	1	»	»	
Mitrailleuse photographique.	»	»	4	»	
Appareil de contrôle des tirs photographiques.	2	»	»	»	
Idem....................	»	1	»	»	Par groupe détaché ou formant corps seulement.
Bobines de pellicules de 6 poses pour mitrailleuse photographique.	»	»	»	15 par an	Dotation portée à 25 par tireur pour les formations ne disposant pas de champ de tir aérien pour tirs aériens réels d'instruction.
Idem....................	»	»	»	5	Par élève-observateur.
Idem....................	»	»	»	4	Par élève-pilote ou pilote élève (Centre d'Instruction de pilotage).
Idem....................	»	»	»	10	Par stagiaire du cours pratique.
Lanceur de pigeons à bras.	1	»	»	»	Pour les régiments de chasse.
Idem....................	»	1	»	»	Pour les groupes comprenant des escadrilles de bi et multiplaces.
Lanceur de pigeons mécanique.	1	»	»	»	Pour les régiments de chasse.
Idem....................	»	1	»	»	Pour les groupes comprenant des escadrilles de bi et multiplaces.
Pigeons d'argile.........	»	»	»	160 par an	Par tireur en tourelle (1).
Idem....................	»	»	»	160	Par stagiaire du cours pratique.
Idem....................	»	»	»	60	Par élève observateur.
Parachutes lestés pour exercices de visée.	»	»	»	40	Par tireur de capot.
Idem....................	»	»	»	5	Par élève pilote ou pilote élève (Centre d'Instruction de pilotage).

(1) Observateur, mitrailleur, officier pilote observateur.

ANNEXE IV.

DESCRIPTION DES MATÉRIELS D'INSTRUCTION.

—

CONSIDÉRATIONS GÉNÉRALES.

1. La nécessité de donner au tireur aérien un entrainement pratique indispensable à la formation des réflexes qui, seuls, sous la force de l'habitude acquise, lui permettront, en combat aérien, de tirer avec vitesse et justesse, a conduit à créer divers appareils simples d'instruction.

Ces appareils permettent, à la fois, une démonstration simple de la nécessité des corrections, un entrainement judicieux à effectuer celles-ci de façon convenable, rapide, *automatique*, et un contrôle facile de l'instruction technique.

2. Les appareils et procédés réglementaires d'instruction sont :

a) L'appareil Perrin-Pelletier;

b) Les avions-maquettes et maquettes de mitrailleuses;

c) Les avions-maquettes grandeur réduite.

d) La mitrailleuse photographique et l'appareil de restitution des tirs photographiques.

3. Les exercices exécutés avec les appareils d'instruction n'exigent aucun champ de tir à l'exception des tirs sur avions-maquettes grandeur réduite, qui nécessitent seulement un champ de tir ordinaire pour mitrailleuses d'infanterie (1).

4. Les formations d'aviation ne disposant pas de champ de tir pour mitrailleuses d'infanterie à proximité immédiate de leur terrain normal de travail peuvent exécuter, à peu près partout, des tirs réduits sur avions-maquettes grandeur réduite en utilisant soit un fusil (ou mousqueton) tirant la munition pour tir réduit, soit, *de préférence*, un pistolet automatique ou carabine automatique Winchester de 6 millimètres.

L'arme auxiliaire ainsi employée doit être, au préalable, pourvue de dispositifs lui permettant d'être liée, de façon

---

(1) Lorsque ces tirs sont effectués à la mitrailleuse.

fixe, soit avec une mitrailleuse Vickers, soit avec un jumelage Lewis. Les appareils de visée, collimateur Chrétien (tireur de capot) ou ligne de mire pour tir à terre (tireur de tourelle) sont alors réglés avec l'arme auxiliaire par convergence pour la distance exacte de tir.

A. — Appareil Perrin-Pelletier.

1. L'appareil Perrin-Pelletier (ou appareil P. P.) permet de représenter dans l'espace, pour la plupart des cas de combat, la position de l'avion tireur et de l'avion-but ainsi que la situation, par rapport à eux, du point à viser.

L'appareil P. P. est utilisé, en outre, pour l'entraînement à l'appréciation à vue des corrections de tir.

2. Description. — L'appareil Perrin-Pelletier se compose :

— d'un avion français T (réduit au 1/100°) monté sur rotule et muni d'un œilleton tournant ;

— d'un avion ennemi B (réduit au 1/100°) monté également sur rotule (fig. 45) ;

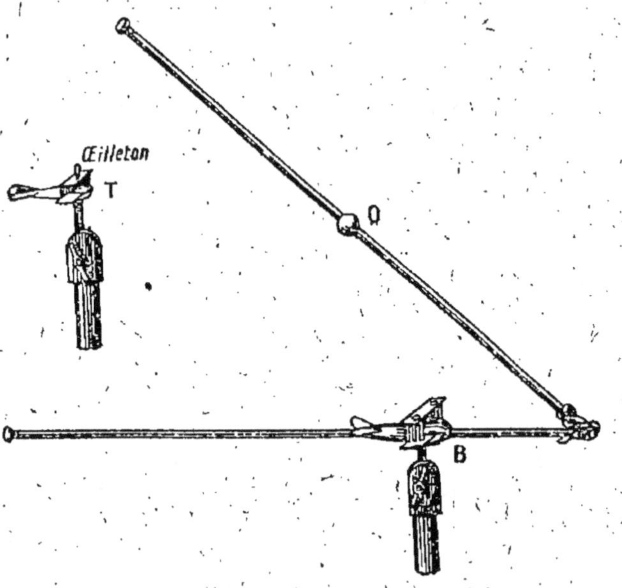

Fig. 45.

— d'un système de deux tiges en cuivre, à section carrée, articulées à rotule l'une sur l'autre et portant chacune des graduations. Ces tiges sont destinées à reproduire au 1/100°, l'une la correction-but, l'autre la correction-tireur.

L'avion-but coulisse sur la tige correction-but. Une boule (Q) coulisse sur la tige correction-tireur et indique le point à viser.

Sur chacune des tiges de correction-but et de correction-tireur, sont marquées les graduations suivantes :

— sur l'une des faces une graduation en centimètres permettant de réaliser rapidement les grandeurs (réduites au 1/100°) des corrections calculées (en mètres) au moyen des tables de tir;

— Sur chacune des trois autres faces une graduation en distances (100, 200, 300, 400 mètres) donnant respectivement, pour ces distances :

a) — sur la réglette correction-but : les valeurs des corrections-but calculées pour des vitesses de 170, 240 et 300 k. h. de l'avion ennemi;

b) — sur la réglette correction-tireur : les valeurs des corrections calculées pour des vitesses de 120, 170 et 240 k. h. de l'avion-tireur.

Chacune de ces vitesses est indiquée sur l'extrémité de la face correspondante de chacune des tiges.

En outre, la réglette-but porte des bandes alternativement teintées, ayant une longueur égale à celle du fuselage de l'avion-but et leur origine au centre de la boule de correction-but.

3. L'avion-tireur et l'avion-but sont pourvus de supports à rotule permettant de les placer, soit sur des piquets fichés en terre, soit sur des consoles fixées au mur. Les rotules sont à blocage pour immobiliser les avions dans la position choisie.

Dans le cas où la distance supposée de combat n'est pas portée sur les graduations, placer l'avion-but et la boule à la position convenable par interpolation (pour 350 mètres à mi-chemin environ entre 300 et 400 mètres; par exemple).

Pour des vitesses d'avions non portées (par exemple 200 k. h. et une distance de combat de 200 mètres) placer l'avion-but ou la boule à la position moyenne entre la graduation 300 sur la face 170 k. h. et la graduation 300 sur la face 240 k. h.

Si l'on veut une précision plus grande, calculer les corrections à l'aide des tables de tir et les porter sur les tiges en utilisant les faces graduées en centimètres.

4. Les graduations en centimètres de la tige correction-but, sur lesquelles il convient de placer le nez de l'avion-but, se rapportent aux distances séparant le centre de l'articulation des tiges du centre de la région vulnérable de cet avion-but.

Les graduations en centimètres de la tige correction-tireur, sur lesquelles il convient de placer le bord de la boule le plus rapproché de l'articulation des tiges, se rapportent aux distances séparant le centre de la boule du centre de l'articulation des tiges.

Ces deux corrections sont déterminées à l'aide des tables de tir.

B. — Avion-maquette
et maquette de mitrailleuse.

1. L'avion-maquette et la maquette-mitrailleuse sont utilisés avec collimateur Chrétien et ligne de mire Reille-Soult pour l'entraînement à l'identification des avions, à l'appréciation des distances et à l'appréciation de la correction-but.

2. Description. — L'avion-maquette comprend un petit avion en bois, reproduction aussi exacte que possible à l'échelle du 1/20ᵉ d'un avion français ou étranger en service.

Cette maquette d'avion est munie d'un pied à boule prenant place entre les mâchoires d'un socle monté sur un support genre trépied (fig. 46).

Fig. 46.

Une longue tige en bois traverse la maquette-d'avion dans le sens de l'axe du fuselage et porte :

— Sur l'une de ses faces : une graduation en centimètres. (Lorsqu'un chiffre de cette graduation affleure le nez du fuselage de l'avion-maquette, ce chiffre indique le nombre de centimètres séparant le centre de la boule du centre de la région vulnérable de l'avion-but).

— Sur les deuxième, troisième et quatrième faces, sont marquées, respectivement pour des vitesses d'avion-but de 170, 240 et 300 k. h., des graduations indiquant, pour les distances de combat de 100, 200, 300 et 400 mètres, la valeur, réduite au 1/20ᵉ de la correction-but linéaire.

Chacune des faces porte des bandes de longueur égale au fuselage de l'avion et de teintes alternativement différentes.

EXEMPLE : Si l'avion-but est supposé voler à la vitesse de 170 k. h. et si la distance réelle de combat est 300 mètres, il faut amener le trait 300 de la face 170 k. h. à la hauteur du nez du fuselage de l'avion-maquette.

Cette opération faite, le centre de la boule située à l'extrémité de la tige marque le point sur lequel il faut diriger la ligne de tir pour que la gerbe des balles d'une rafale atteigne les parties vitales de l'avion-but.

Le nombre de bandes comptées depuis le nez de l'avion jusqu'à la boule indique la valeur, en longueur de fuselage, de la correction-but à effectuer.

3. La *maquette-mitrailleuse* comprend un trépied pouvant recevoir et immobiliser, dans n'importe quelle position, une mitrailleuse en bois reproduisant grossièrement, mais en vraie grandeur, une mitrailleuse d'avion (fig. 47).

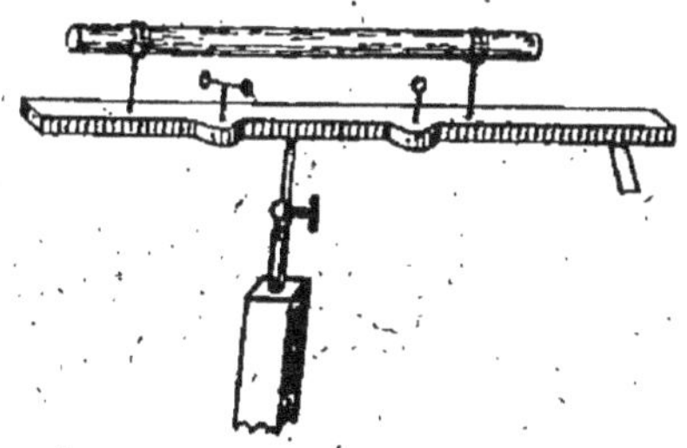

Fig. 47.

Sur cette maquette de mitrailleuse sont montés un collimateur Chrétien et une ligne de mire Reille-Soult dont la girouette pivote à *frottement dur* sur son axe horizontal, de façon à pouvoir simuler l'action de l'air sur l'empennage.

La longueur de la girouette peut varier; elle doit être calculée en fonction de la vitesse moyenne dont l'avion-tireur est supposé animé.

C. — Dispositif pour tir à distance réduite sur avion-maquette grandeur réduite.

1. Description. — Le dispositif comprend :

- un certain nombre de maquettes en bois reproduisant, en réduction au 1/10°, au 1/15°, ou au 1/20° et aussi exactement que possible, divers types d'avions en service (français ou étrangers);

- deux toiles A et B (fig. 48), peintes en bleu ciel tendues verticalement à une distance de 12 mètres l'une de l'autre;

- dans la toile B est ménagée, à 2 m. 85 de haut, une ouverture de dimensions convenables (1 m. 30 × 1 m. 30) permettant au tireur de voir la maquette;

- un disque C permettant de masquer ou de démasquer l'ouverture ménagée dans la toile B;

   — un trépied support muni d'une articulation à rotule (support de l'avion-maquette);

   — un trépied (support des cartons récepteurs);

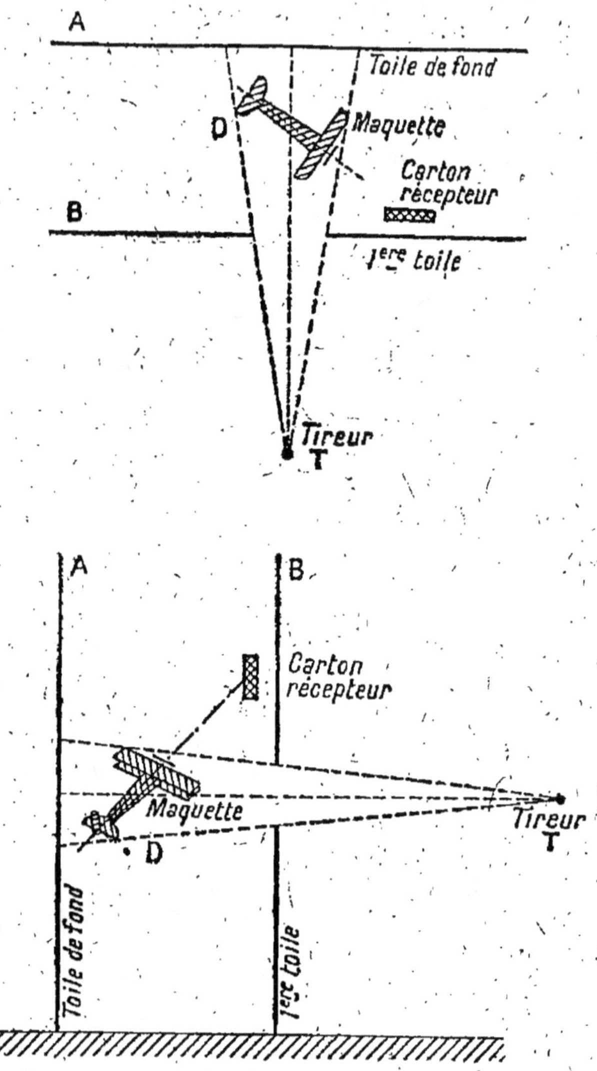

Fig. 48.

   — un bâti support de tourelle spécial pour jumelage Lewis (tireur de tourelle);

   — une carlingue spéciale pour Vickers (tireur de capot);

   — une plateforme sur rails destinée à recevoir le bâti support et la carlingue.

2. Telle ou telle des maquettes d'avions, au choix du directeur du tir, est montée sur son support à rotule et placée en D à hauteur du centre de l'ouverture de la toile B.

Les toiles A et B ayant exactement la même teinte, la toile de fond A, quand l'ouverture de la toile B est démasquée, permet au tireur placé en T d'avoir l'impression de voir, en plein ciel, un avion en vol.

L'avion-maquette peut être orienté, par rapport au tireur, dans toutes les directions et placé dans toutes positions possibles : vu par plein travers, de 3/4 avant ou arrière, etc.; en vol horizontal, en piqué, en cabré, etc.; à même altitude, à altitude supérieure ou inférieure.

Enfin, sur un carton bleu a été tracée la circonférence d'un grand cercle représentant, à l'échelle de la maquette, la projection, sur un plan vertical, de la sphère contenant les parties vulnérables de l'avion (moteur, emplacement du pilote et de l'observateur mitrailleur). Ce carton est placé, sur son support, derrière la toile B et à tel endroit convenable pour que les balles puissent réguli rement atteindre la région centrale du grand cercle quand le tireur a bien effectué la correction-but angulaire nécessitée par la distance de combat et la vitesse supposées de la maquette.

3. A cet effet, une longue tige de bois peut coulisser à travers la maquette dans le sens de l'axe du fuselage.

Cette tige, à section hexagonale, comporte une boule à l'une de ses extrémités. Les six faces de la tige sont relatives, savoir :

— la première, à une vitesse supposée de la maquette de 100 k. h. (Bréguet en cabré);

— les 2°, 3°, 4°, 5° et 6°, respectivement à des vitesses de 130 k. h. (Nieuport en cabré); 140 k. h. (Bréguet en vol horizontal); 180 k. h. (Nieuport 29 en vol horizontal); 210 k. h. (Bréguet en piqué); 270 k. h. (Nieuport 29 en piqué).

Sur chaque face sont marquées des graduations relatives aux corrections-but, pour les distances de combat de 100, 150, 200, 250, 300, 350 et 400 mètres.

Lorsque l'avant de l'avion-maquette affleure l'une de ces graduations (la graduation 250 mètres sur la face 180 k. h. par exemple) la distance entre le centre de la boule de la tige et le nez de l'objectif représente, à l'échelle de réduction de la maquette, la valeur linéaire de la correction-but (pour une distance de combat de 250 mètres et pour une vitesse supposée de l'objectif de 180 k. h. dans l'exemple considéré).

Le directeur du tir, tandis que le disque C cache l'objectif au tireur, fait coulisser la tige de façon à faire affleurer par le nez de la maquette la graduation relative à telle distance et à telle vitesse déterminée de l'objectif. Il fait ensuite orienter la maquette d'avion dans une position déterminée par rapport au tireur, puis il fait placer le carton récepteur monté sur son support de façon que le centre du grand cercle tracé sur ce carton arrive contre la boule de la tige coulissante.

Cette dernière est alors retirée complètement de l'avion maquette (en prenant garde de ne point déplacer celui-ci); enfin le disque C est levé pour démasquer l'ouverture de la toile B.

4. Le tir est exécuté par un seul tireur à la fois, placé à une distance de l'objectif égale à la distance de combat envisagée, réduite à l'échelle de la maquette.

Le tireur de capot dispose d'une mitrailleuse Vickers, le tireur de tourelle d'un jumelage Lewis. Ces armes sont munies d'une arme auxiliaire qui peut être un fusil ou carabine tirant la munition de tir réduit ou un pistolet automatique.

Les mitrailleuses sont approvisionnées en cartouches à blanc; les appareils de visée (collimateur Chrétien pour la Vickers et ligue de mire de tir à terre pour le jumelage Lewis) sont, au préalable, réglés par convergence, pour la distance de tir, avec l'arme auxiliaire dont la détente est commandée, au moyen d'une tringle réglable, par la détente de l'une des mitrailleuses du jumelage Lewis.

5. Dès que le directeur de l'exercice autorise l'exécution du tir, le tireur pointe son arme par rapport à la maquette exactement comme il la pointerait par rapport à l'avion réel de même type placé dans la même position de vol, ayant la même vitesse supposée et situé à la distance de combat appréciée. Il tire une ou plusieurs rafales très courtes de 2 à 3 cartouches (1). Au commandement du directeur de l'exercice, le disque C est ramené devant l'ouverture de la toile B, le tir est instantanément arrêté.

Un aide relève les points d'impact sur la cible réceptrice.

6. Lorsque le tir est effectué avec un pistolet automatique, le tireur, *chaque fois qu'il agit* sur la détente de la mitrailleuse, effectue simultanément une rafale de deux à trois cartouches à blanc par mitrailleuse (ce qui l'oblige à maintenir son armement en direction et à remédier à tous incidents de tir possibles), et un tir d'une cartouche avec l'arme automatique auxiliaire (ce qui l'oblige à pointer exactement en tenant compte de la correction-but à effectuer).

Le tireur, *comme s'il effectuait un tir réel*, continue à tirer par rafales jusqu'au commandement de «Cessez le feu».

---

(1) Lorsque le stand dont dispose la formation permet les tirs réels, les exercices sont effectués avec des cartouches réelles. En ce qui concerne le jumelage Lewis, l'une des armes est approvisionnée en cartouches réelles, l'autre tirant des cartouches à blanc.

7. Lorsque le tir est effectué avec le fusil (ou carabine) tirant la munition de tir réduit, le tireur, en appuyant sur la détente de la mitrailleuse, effectue une rafale de 2 à 3 cartouches à blanc par mitrailleuse et un tir d'une cartouche de tir réduit avec l'arme auxiliaire.

Après l'exécution de la première rafale, le tireur cesse le feu, réarme le fusil (ou mousqueton), pointe à nouveau, tire et continue ainsi jusqu'au commandement de «Cessez le feu» ou jusqu'à ce qu'il ait épuisé les munitions qui lui ont été accordées.

8. Le bâti support spécial de tourelle et la carlingue des tireurs sont installés sur un échafaudage à base carrée de 2 m. 5o de côté et de 2 mètres de haut.

Cet échafaudage se déplace sur deux rails et peut être amené à la distance de tir, laquelle peut varier de 10 à 40 mètres.

9. Le mitrailleur tire en étant placé dans une tourelle comprenant :

— Un bâti spécial ;

— Une tourelle proprement dite (T.O.3. ou T.O.4.) placée sur support.

— Le bâti support spécial (figure 49) est monté sur un pivot à roulement à billes lui permettant de tourner sur une plateforme munie d'un rail circulaire sur lequel le support s'appuie par quatre galets.

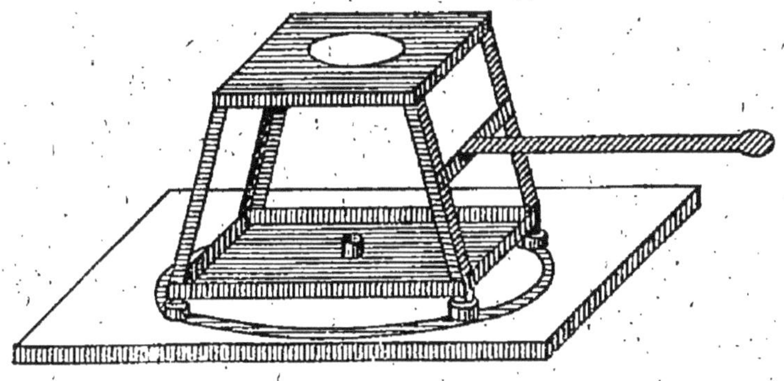

Fig. 49.

Un levier permet à un aide de faire tourner lentement le support, obligeant ainsi le mitrailleur à faire tourner son jumelage en sens inverse pour continuer à pouvoir viser la maquette.

Ce procédé place le tireur de tourelle dans une situation proche de celle du tireur aérien visant un objectif aérien mobile.

10. Le pilote tire en étant placé dans «une carlingue spéciale» (fig. 5o), lui permettant de pointer (comme dans la réalité) par le moyen du manche à balai et du palonnier.

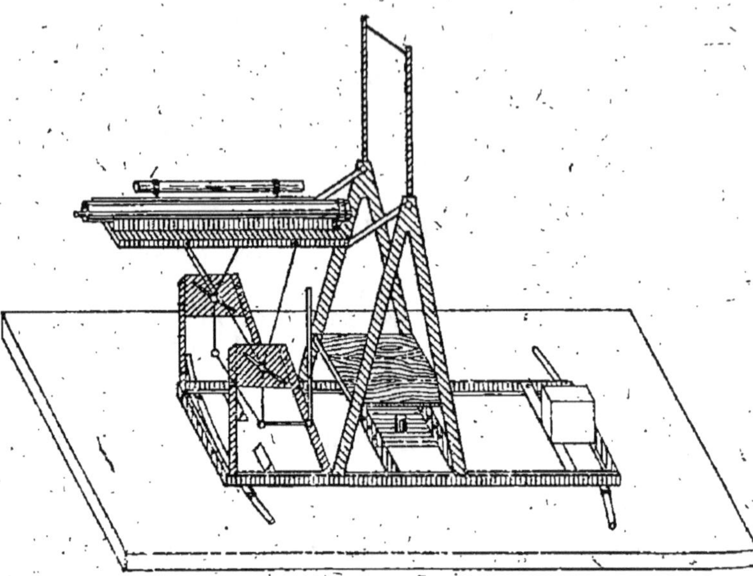

Fig. 5o.

Nota. — Les Formations d'aviation ne disposant, pour l'exécution de tirs réels ou de tirs réduits, ni de maquettes d'avions, ni du dispositif comprenant les toiles, la carlingue spéciale et le bâti support spécial exécutent, soit à la mitrailleuse (tirs réels), soit à l'arme d'épaule tirant la munition de tir réduit (1), des tirs sur *avions-cibles* dans les conditions prescrites par l'Instruction S. T. Aé. n° 3i3-3ooA.

D. — Mitrailleuses photographiques.

1° Mitrailleuse photo «Thorton-Pickard».

1. La mitrailleuse photographique Thorton-Pickard M.K. 111.II. permet de prendre une photographie de l'avion-but et de déterminer par rapport à ce dernier, le point de l'espace sur lequel était dirigée la ligne de tir de l'arme au moment où le tireur a appuyé sur la détente.

Il est à noter que la ligne de tir se confond avec l'axe optique de l'instrument.

---

(1) Dans ce cas, l'arme d'épaule doit pouvoir recevoir un appareil de visée (Collimateur Chrétien ou ligne de mire pour tir à terre).

2. Description. — La mitrailleuse photographique M. K. 111.H. affecte la forme générale d'une mitrailleuse Lewis pour tir à terre. Elle se compose (fig. 51) :

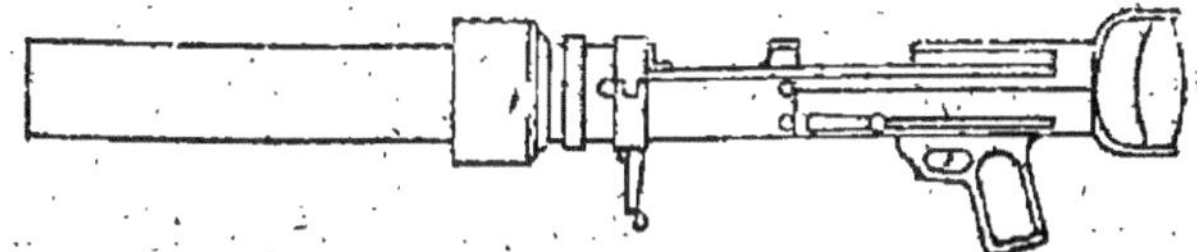

Fig. 51.

— d'un objectif photographique dont la distance focale est égale à 28 cent. 5 environ ;

— d'un manchon pare-soleil permettant de prendre la photographie d'avions situés entre le soleil et l'objectif ;

— d'une chambre noire cylindrique ;

— d'une boîte de forme parallélépédique destinée à recevoir le film sensible et le réticule de contrôle ;

— d'un mécanisme de commande permettant :

a. *D'armer l'instrument*, en ramenant en arrière le bouton d'armement.

Ce mouvement rectiligne est transformé, par un mécanisme spécial, en mouvement de rotation ayant pour effet d'amener dans le champ de l'objectif une partie non impressionnée du film.

Le mécanisme spécial de transformation de mouvement comprend une chaine galle fixée, d'un côté, à un tambour muni d'un ressort spiral, de l'autre à la tige de commande reliée au bouton d'armement.

b. *De prendre la photographie* du point visé, en appuyant sur la détente.

Ce mouvement a pour effet de faire abaisser la gâchette et de libérer une tige qui, venant frapper sur le levier de commande de l'obturateur, provoque le déclanchement de celui-ci.

— d'un compteur de clichés ;

— d'une tige permettant, pour le contrôle, de perforer le film.

La mitrailleuse photographique Thorton-Pickard M.K. 111.H. est conservée dans une caisse spéciale, dite caisse *porte-mitrailleuse*, comportant divers bâtis feutrés pour le support de la pièce.

La mitrailleuse photographique est livrée avec :

Un lot d'outillage nécessaire au démontage, remontage, et entretien de l'arme ;

Une goupille de manœuvre à main d'obturateur ;

Un miroir de pointage dit miroir à 45° ;

Un collier-support ;

Un appareil de visée permettant l'emploi de la mitrailleuse pour l'instruction du tir aérien de tourelle.

La mitrailleuse M.K.III.H. peut se charger avec la bobine Kodak 6×9, six ou douze poses.

3. Fonctionnement. — *Mise en place du film.* — Pour mettre en place le film :

— Ouvrir la boîte parallélépipédique et enlever le chariot porte-film ; ouvrir les pattes de supports mobiles ;

— Mettre la bobine vide de telle façon que la mortaise de son axe soit en prise avec le tenon d'entraînement fixé à la patte inférieure fixe. Refermer le support mobile inférieur de manière que le tenon fixé à ce support serve d'axe à la bobine ;

— Mettre la bobine pleine de la même manière, sa mortaise d'axe étant en prise avec le tenon de patte supérieure du porte-film. Refermer la deuxième patte mobile dont le tenon sert d'axe ;

— Faire passer la bande de papier du film entre le flasque et les deux rouleaux guide-film ; engager la bande dans la fente de l'axe de la bobine vide ; l'enrouler en tournant de droite à gauche le tenon d'entraînement du support de bobine inférieur. Faire six tours complets ;

— Remettre le porte-film en place, en faisant coulisser ses glissières dans les rainures qui leur sont réservées, fermer la boîte parallélépipédique ;

— Placer le compteur de clichés sur le premier point après le numéro 14 en manœuvrant à la main le boulon du tambour numéroté ;

— Armer en ramenant le bouton d'armement en arrière, presser sur la détente. Répéter cette opération jusqu'au moment où apparaît le numéro 0 dans le trou de regard.

La mitrailleuse est alors prête à fonctionner.

b. *Le film étant en place, armer la mitrailleuse* en ramenant le bouton d'armement vers l'arrière. La tige commande de chaîne galle entraîne celle-ci vers l'arrière et fait tourner le tambour qui bande le ressort spiral. Celui-ci joue ultérieurement le rôle de ressort de rappel.

La rotation du tambour actionne un certain nombre de roues dentées dont la dernière provoque la rotation du tenon d'entraînement de la bobine vide autour de laquelle le film s'enroule de la longueur suffisante pour amener chaque fois un nouveau cliché en face de l'ouverture rectangulaire de la chambre noire.

Pendant le mouvement vers l'arrière de la tige d'armement, la rampe de manœuvre du levier de commande de l'obturateur glisse sur le plan incliné d'un bonhomme à ressort et dépasse ainsi ce levier sans l'actionner.

Vers la fin du mouvement, la tranche inférieure de la mortaise de manœuvre du compte-cliché, heurte le tenon du bouton d'un tambour numéroté et l'entraîne vers l'arrière en faisant tourner le tambour numéroté de 1/19° de tour.

Enfin, le cran de l'armé de la tige d'armement franchit la gâchette de la poignée pistolet.

Le système est alors maintenu à l'armé et le tireur peut abandonner le bouton d'armement.

a. *Quand le tireur appuie sur la détente*, la tige d'armement est ramenée en avant sous l'effet du ressort spiral. La rampe de manœuvre du levier de commande d'obturateur rencontre le bonhomme à ressort et, l'actionnant, provoque l'ouverture de l'obturateur : une photographie est prise.

4. Montage, démontage et entretien.

a. *Sur tourelle*. — La mitrailleuse photographique est munie d'un collier cône universel terminé par un axe. Ce collier analogue à celui utilisé pour la mitrailleuse Lewis, permet de fixer la mitrailleuse photographique sur tourelle.

Une ligne de mire R.S. pour l'instruction du tir aérien en tourelle (œilleton et boule sans girouette) est installée sur la mitrailleuse photographique, comme sur la Lewis de tir à terre.

b. *Sur le Nieuport 29*. — La mitrailleuse photographique est fixée à deux supports placés sur un des plans inférieurs de l'avion à 40 centimètres environ de son fuselage et sensiblement parallèle à son axe longitudinal.

Elle est maintenue :

— *Sur le support avant* au moyen d'un collier entourant le manchon pare-soleil; ce collier porte à sa partie inférieure, une chape s'engageant dans la chape du support. Un axe traverse les deux chapes;

— *Sur le support arrière* au moyen de deux plaquettes embrassant complètement la poignée pistolet et maintenue entre elles par quatre boulons.

5. La mitrailleuse photographique M.K.III.H. ne peut être démontée en escadrille; la section photo des formations est chargée de l'entretien des mitrailleuses photographiques.

6. Emploi de la mitrailleuse photographique pour l'instruction du tir aérien.

a. *Mitrailleuse photographique placée sur capot*. — Dans le combat aérien avec mitrailleuse réelle placée sur capot d'avion, il est généralement nécessaire d'effectuer une correction-but appropriée. Celle-ci est fonction du produit de la vitesse de l'avion-but par la durée de trajet de la balle de l'avion-tireur.

Or, la vitesse de la lumière étant extrêmement grande, la durée du trajet des rayons lumineux allant de l'avion-but au film, est très sensiblement nulle.

Le tireur, s'il voulait obtenir une image de l'avion-but au centre de l'image du réticule, n'aurait donc qu'à viser directement l'avion-but sans faire aucune correction.

Mais au cours de l'instruction du tir aérien, il est nécessaire :

— de donner au tireur l'habitude de faire une correction-but exacte;

— de contrôler la direction et la grandeur des corrections faites par les tireurs.

En conséquence, l'emploi de la mitrailleuse photographique placée sur capot et préalablement réglée, donne lieu, en vol, aux opérations suivantes de la part du pilote :

— Armer le mécanisme;

— Diriger la ligne de visée sur le point à viser, en tenant compte de la correction-but;

— Appuyer sur la détente au moment qui serait jugé propice si l'on voulait atteindre l'avion-but avec des projectiles réels;

— Armer à nouveau (après chaque action du doigt sur la détente) et continuer le tir, s'il y a lieu, jusqu'à épuisement du film;

Remarque. — L'action de presser sur la détente a pour conséquence la prise de photo :

— de l'avion-but (si celui-ci se trouvait dans le champ optique de l'appareil photographique;

— du réticule.

L'image de l'avion-but, du fait que le tireur a tenu compte de la correction-but, devra être éloignée du centre de l'image du réticule d'une certaine longueur, fonction de la grandeur de la correction-but faite par le tireur.

b. *Mitrailleuse photographique en tourelle.* — Dans le tir aérien réel, le mitrailleur de tourelle doit, plus généralement, pour atteindre un avion adverse, faire à la fois une correction-but et la correction-tireur.

1° *Correction-tireur.* — La correction-tireur est fonction directe de la vitesse de l'avion-tireur et de la distance de combat et fonction inverse de la vitesse initiale du projectile tiré.

Cette correction-tireur est mécaniquement donnée par la girouette de la ligne de mire Reille-Soult.

Comme la correction-tireur devient nulle pour un projectile de vitesse initiale infinie, il n'y a pas de correction-tireur à faire avec la mitrailleuse photographique puisque, dans ce cas, le projectile possède la vitesse de la lumière, vitesse pratiquement infinie en comparaison de celle de l'avion. Il suffit, en conséquence, de supprimer la girouette de l'appareil de visée pour se trouver dans les conditions normales d'un tir comportant la correction-but et dont la correction-tireur est faite automatiquement par la girouette.

2° *Correction-but.* — Le raisonnement relatif à la correction-but à exécuter en tir aérien de capot avec la mitrailleuse photographique s'applique exactement au tir aérien de tourelle.

Les opérations à faire en vol par le mitrailleur en tourelle utilisant une mitrailleuse photographique munie d'une ligne de mire Reille-Soult préalablement réglée sont donc :

- Armer;

- Diriger la ligne de visée sur le point à viser en tenant compte de la correction-but;

- Appuyer sur la détente;

- Armer et continuer, s'il y a lieu, le tir jusqu'au déroulement complet du film.

7. Interprétation des résultats. — Les clichés développés donnent une photographie réduite de l'avion-but, et l'image du point de croisement des fils du réticule.

Il est possible de déterminer à l'aide de cette photographie la valeur du tir exécuté contre l'avion-but si l'on connaît la vitesse de ce dernier.

2° Mitrailleuse photographique O.P.L.

1. Caractéristiques générales. — La mitrailleuse photographique modèle 1923 est destinée à l'entraînement au tir aérien. Dans ce but, elle permet, après avoir été réglée de manière que son axe optique soit parallèle à l'axe optique de l'appareil de visée, de prendre des photographies du but et, par suite, de contrôler la visée du tireur.

Les manœuvres que nécessite cette prise de vues sont analogues à celles qui sont demandées au tireur lorsqu'il tire avec une mitrailleuse réelle.

La mitrailleuse photographique peut être, soit fixée à l'avion pour l'entraînement au tir de chasse soit montée sur jumelage Lewis (support S. M. 57 (1) et crosse n° 2 bis (2), pour l'entraînement au tir de tourelle.

---

(1) Voir la feuille du catalogue d'armement n° 321-150.
(2) Voir la feuille du catalogue d'armement n° 211-320.

La mitrailleuse photographique modèle 1923 comprend :

– Une mitrailleuse photo proprement dite;
– Un poste de réarmement :
– Un jeu de pièces pour montage sur jumelage Lewis;
– Un lot de rechanges;
– Une notice.

2. Description. — *Mitrailleuse photographique proprement dite.* — Elle comprend essentiellement (voir fig. 52) :

Le corps central contenant le châssis porte film, et prolongé inférieurement par un tube cylindrique s'engageant dans le support;

L'objectif et son obturateur, contenus dans un prolongement conique du corps central;

Le dispositif de visée arrière, contenu dans un tube prolongeant le corps central vers l'arrière;

Le mécanisme d'alimentation;

Le mécanisme de commande d'obturateur;

Un capot avant et un capot arrière.

Le corps central est muni : d'une porte latérale permettant d'introduire et de retirer le châssis porte-film; d'une porte glissière arrière, permettant la visée arrière; et d'une croisée de fils, formant réticule, placée dans le plan focal de l'objectif.

Le support est en deux parties : le support fixe et le support mobile, dont la position peut varier grâce à une sphère prenant appui sur une porte sphérique du support fixe. Le serrage de trois vis à portée sphérique rend solidaire les deux supports, en même temps qu'il effectue le serrage de la sphère sur le tube cylindrique inférieur par le rapprochement des bords de la fente pratiquée suivant une génératrice de cette sphère. Une clef de réglage, constituée par une simple barette, permet la manœuvre de ces trois vis et de l'excentrique de réglage.

Le dispositif de visée arrière est constitué par un tube terminé par un bouchon normalement appliqué contre l'extrémité du capot arrière par un ressort de rappel. Ce bouchon peut être retiré par une simple traction vers l'arrière et accroché latéralement sur le capot pour permettre le réglage de l'axe optique avec l'appareil de visée.

Le mécanisme d'alimentation est constitué par un axe transversal qui, par sa rotation, commande l'avance de la pellicule (au moyen d'un pignon denté à rochets) et le mécanisme obturateur (au moyen d'une biellette à excentrique). Cette rotation est obtenue par un câble sous gaine, dont l'amorce est reliée, d'un côté à une poulie solidaire de

Dispositif de visée arrière
Capot arrière
Mécanisme d'alimentation
Corps central
Capot avant
Mécanisme de commande de l'obturateur
Dispositif de fixation et de réglage
Tube cylindrique

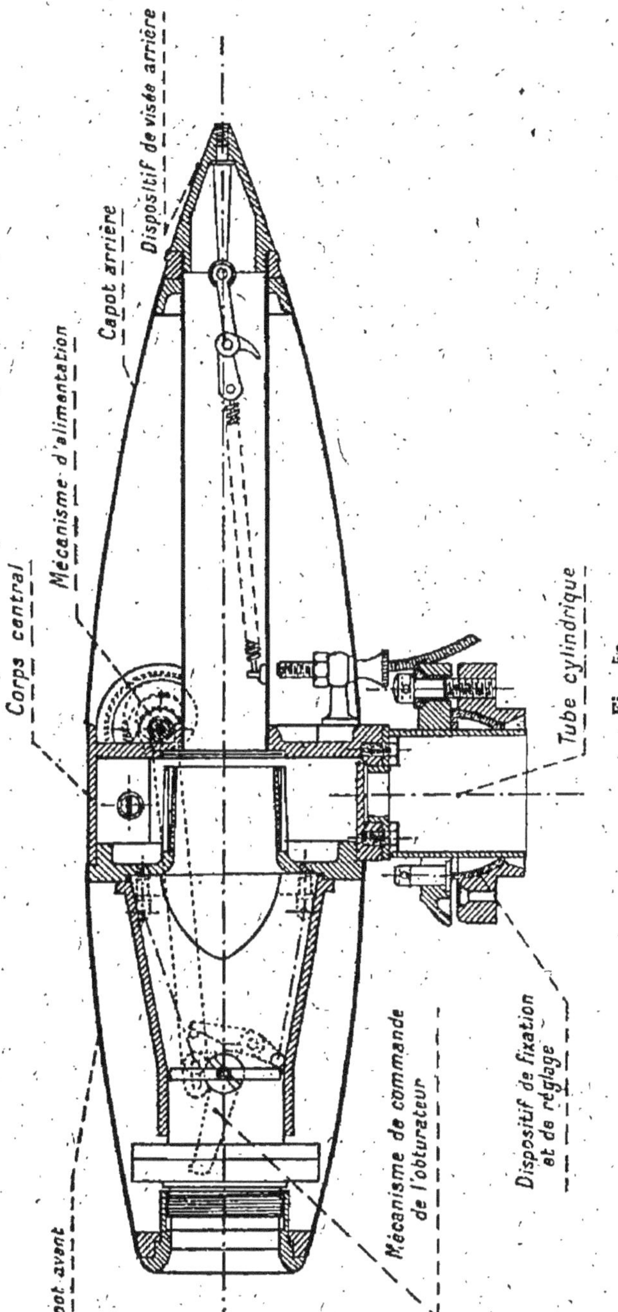

Fi . 52.

l'axe d'alimentation, et sort, d'autre part, de la mitrailleuse à sa partie inférieure ; là une vis creuse permet son réglage.

Le capot avant porte un bouton permettant d'ouvrir l'obturateur sans agir sur le levier de réarmement.

Poste de réarmement. — Il comprend essentiellement : un carter, un levier de réarmement, se manœuvrant d'avant en arrière ; un levier-détente et un mécanisme compteur de prise de vues.

Pièces pour montage sur jumelage Lewis. — Elles comprennent : une bague ; une poignée-support ; un tendeur avec collier et barette d'appui ; une ferrure-support de poste de réarmement ; une détente rigide et, enfin, un guidon spécial pour remplacer la girouette de la ligne de mire E. T. Aé.

3. Fonctionnement. — La mitrailleuse photographique est montée de telle sorte que l'amorce du bowden soit reliée par câbles sous gaine à la commande de détente des mitrailleuses véritables de capot (cas du tir en chasse), ou à la détente rigide (cas du tir en tourelle), par l'intermédiaire du poste de réarmement.

Le fonctionnement est alors le suivant :

Par action sur le levier de réarmement, on produit l'avance de la pellicule (par le mécanisme d'alimentation) et l'armé de l'obturateur (par le mécanisme de commande de l'obturateur) le levier de réarmement reste accroché à la position arrière.

Par action sur la commande de détente des mitrailleuses de capot ou sur la détente rigide, on libère le levier de réarmement qui, rappelé en avant par des ressorts de rappel (contenus, l'un dans la mitrailleuse photographique, l'autre dans le poste de réarmement), produit, en fin de course, le déclic de l'obturateur en désarmant son mécanisme.

4. Démontage. — Les seules opérations, réalisables en escadrilles, et nécessitant un démontage partiel de la mitrailleuse, sont les suivantes :

Démonter le support de la mitrailleuse. — Desserrer les trois vis à portée sphérique et retirer le support par simple traction vers le bas. Pour démonter le support lui-même, dévisser complètement les trois vis et séparer le support mobile, la sphère et le support fixe. Pour le remontage, placer la sphère sur le support fixe et le support mobile sur la sphère de telle manière que l'ergot de l'excentrique de réglage se trouve engagé dans l'encoche correspondante de la sphère et que les trous des vis à portée sphérique se correspondent dans le support mobile et le support fixe ; revisser les trois vis.

Changer l'amorce du câble sous gaine. — Tirer vers l'arrière le bouchon de visée, saisir la tige et dévisser le bouchon, lâcher la tige, dévisser l'écrou et enlever le capot arrière par traction vers l'arrière. Dégager le câble de la poulie, dessouder la goupille et retirer le câble. Opérer dans l'ordre inverse pour mettre le nouveau câble sous gaine et remonter le tout.

Changer le ressort de rappel du bouchon de visée. — Enlever le capot arrière comme précédemment; dévisser le tube, dégager le ressort de son attache, sortir l'ensemble du ressort et des pièces. Remplacer le ressort et remonter en ordre inverse.

Démonter le capot avant. — Dévisser l'écrou et dégager le capot avant : on découvre ainsi le mécanisme de commande de l'obturateur.

5. Entretien. — Maintenir constamment graissés :

L'amorce de câble sous gaine et tous les câbles sous gaine de transmission;

La sphère du support et sa portée sphérique;

L'axe d'alimentation, la biellette excentrique;

L'axe du levier de réarmement et toutes les pièces mobiles à l'exception de l'obturateur.

6. Montage sur avion pour le tir de capot.

Équipement des avions pour le montage. — Tous les avions doivent posséder, montées sur eux à demeure, un certain

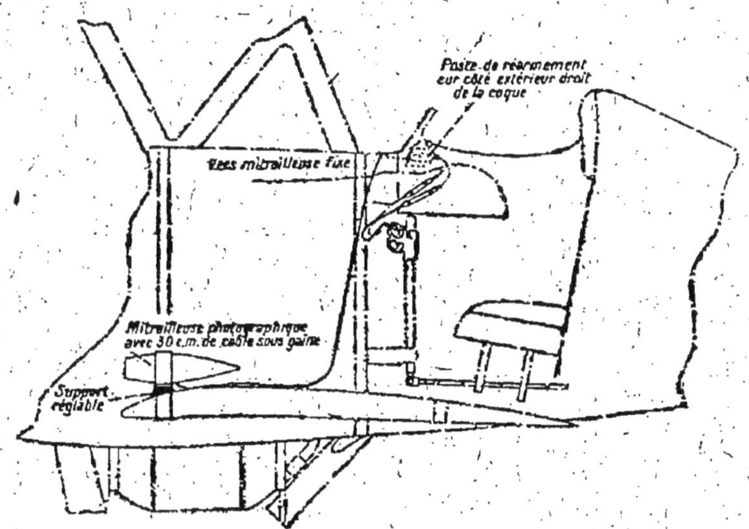

Fig. 53. — Équipement des avions pour le montage en tir de capot.

nombre de pièces permettant le montage de la mitrailleuse photographique O. P. L. Ce sont :

— une ferrure-support de mitrailleuse-photographique,

fixée sur une partie rigide de l'avion (longeron de l'aile, mât. etc.);

— une ferrure-support de poste de réarmement, fixée à portée de la main du pilote;

— une pièce de raccordement pour câble sous gaine de commande, fixée sur l'avion, au voisinage de la ferrure-support;

— un câble sous gaine partant de là pièce de raccordement et aboutissant au voisinage immédiat de la ferrure support, avec vis creuse de réglage à la sortie de la pièce et embout de gaine du côté de la ferrure;

— Un câble sous gaine partant du voisinage immédiat de la ferrure-support et aboutissant à la pièce de raccordement avec embout de gaine du côté de la ferrure et vis creuse de réglage à l'entrée de la pièce;

— Une pièce de raccordement fixée sur l'avion, devant le pilote;

— Enfin, une pièce de raccordement, sur le trajet du câble sous gaine de commande d'une des mitrailleuses véritables de l'avion.

Montage. — a. Fixer la mitrailleuse photographique sur la ferrure. Pour cela, démonter le support de la mitrailleuse, fixer le support fixe sur la ferrure, par trois vis fraisées de 5, pas 90, et remonter le support; remettre la mitrailleuse photo sur le support;

b. Fixer le poste de réarmement au moyen de deux boulons de 5;

c. Brancher les câbles sous gaine de transmission, c'est-à-dire : accrocher l'amorce du câble sous gaine de la mitrailleuse photo à la pièce de raccordement.

Accrocher les câbles sous gaine au poste de réarmement (pour cela, enlever le couvercle amovible de ce poste, accrocher le câble allant à la mitrailleuse sur le secteur solidaire du levier de réarmement et l'autre câble sur le levier-détente, engager les deux embouts de gaine de ces deux câbles dans les logements situés l'un à l'entrée, l'autre à la sortie du poste de commande et remettre le couvercle amovible);

Enfin, décrocher le câble sous gaine de commande de la mitrailleuse véritable de sa pièce de raccordement et accrocher ce câble sur la pièce de raccordement le réunissant au poste de réarmement.

7. Montage sur jumelage Lewis. — Démonter la mitrailleuse gauche du jumelage.

Disposer dans le collier à bride la bague à alésage conique et fixer la poignée-support à l'entretoise du jumelage par deux vis de fixation.

Adapter sur le bras du collier à bride le collier de fixation du tendeur.

Présenter l'appareil photographique, dont on a démonté le

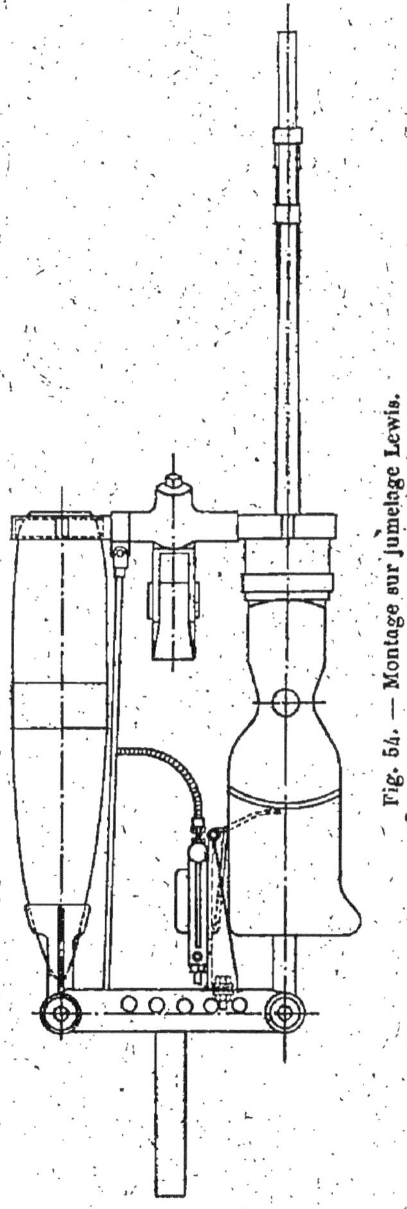

support, dans ses deux centrages constitués, l'un par la bague, l'autre par le cône intérieur de la poignée support; refermer l'entretoise du jumelage et bloquer l'ensemble au moyen de l'écrou du tendeur, en ayant soin de vérifier la position de la barette d'appui de ce tendeur.

Fixer la ferrure-support du poste de réarmement sur l'entretoise du jumelage au moyen des deux boulons spéciaux et de la contreplaque, en utilisant deux des trous d'allègement de la tôle entretoise.

Fixer le poste de réarmement sur sa ferrure, en prenant soin que l'extrémité de la tringle commandée par la détente rigide pénètre dans le carter du poste de réarmement et vienne en prise avec le levier-détente quand la détente rigide est actionnée.

Accrocher l'amorce du câble sous gaine au poste de réarmement, de la même manière qu'on a accroché le câble à ce poste dans le cas du tir en chasse.

Remplacer la girouette de la ligne de mire E. T. Aé. par le guidon spécial.

8. Réglage des transmissions.

a. *Cas du tir en chasse.* — 1° Transmission de la commande de détente des mitrailleuses au poste de réarmement : Agir sur la vis creuse située à l'entrée de la pièce de raccordement jusqu'à ce qu'on produise le décrochage du levier de réarmement, par simple traction du doigt sur la commande de détente;

2° Transmission de la mitrailleuse photo au poste de réarmement : Agir sur la vis creuse située immédiatement à la sortie de la mitrailleuse-photo, ainsi que sur celle située à la sortie de la pièce de raccordement, jusqu'à suppression du «mou» des câbles sous gaine; afin que l'effort nécessaire pour manœuvrer le levier de réarmement se fasse sentir dès le début de sa course (dévisser les vis creuses pour diminuer le mou). Vérifier, en outre, qu'il y a armé effectif de l'obturateur; pour cela, enlever le châssis porte-film, retirer la plaque-glissière, et ouvrir le bouchon de visée, déclancher lorsque le levier de réarmement revient en avant; l'œil de l'observateur, placé contre l'arrière de la mitrailleuse, doit avoir l'impression d'un éclair lumineux, correspondant à la durée d'ouverture de l'obturateur.

b. *Cas du tir en tourelle.* — Vérifier que la commande de détente rigide fonctionne correctement en actionnant la détente de la mitrailleuse Lewis du jumelage. Agir sur la vis creuse située immédiatement à la sortie de la mitrailleuse-photo, de manière à obtenir les mêmes résultats que précédemment (suppression du mou et armé effectif de l'obturateur).

Chargement du film. — Retirer le châssis porte-film; pour cela, appuyer sur les deux loquets de la porte latérale du corps central, en leur faisant faire un quart de tour; lorsque les manetons de ces loquets sont verticaux, ouvrir la porte; saisir l'anneau du châssis porte-film et tirer vers l'extérieur.

Charger le châssis porte-film avec la bobine Kodak comme

un Kodak ordinaire (la bobine chargée en bas, la bobine vide en haut); enrouler le papier sur la bobine vide et s'arrêter lorsque la première inscription du papier rouge atteint cette bobine.

Remettre le châssis dans le corps central et fermer la porte.

Si cette dernière ne peut se refermer à fond, agir légèrement sur le levier de réarmement et pousser sur le châssis jusqu'à ce que ce dernier s'enfonce brusquement; on peut alors fermer la porte.

Armer et déclancher neuf fois le mécanisme (pour faire avancer le film de la quantité voulue).

Mettre au zéro le compteur du poste de réarmement.

Prise de photographie en vol. — Pour prendre une photographie, armer au préalable, en manœuvrant le levier de réarmement à fond, de façon qu'il reste accroché à la position arrière. A l'instant où l'on veut photographier le but, agir sur la commande de détente des mitrailleuses véritables (cas du tir de capot) ou sur la détente de la mitrailleuse Lewis (cas du tir de tourelle).

Pour prendre une deuxième photographie, recommencer les deux mouvements précédents, et ainsi de suite. S'arrêter lorsque le compteur du poste de réarmement marque 10.

Après l'atterrissage. — Pour décharger le film impressionné: armer et déclancher le mécanisme neuf fois (pour finir d'enrouler la bobine), retirer le châssis porte-film, enlever la bobine et coller la bande de papier qui assure l'étanchéité (comme pour un Kodak ordinaire); envoyer le film au développement. Faire passer la bobine inférieure vide à la partie supérieure du châssis porte-film; ce dernier est alors prêt pour le chargement d'un autre film.

E. — **Restitution**
des films de tirs photographiques.

1. La restitution des films de la mitrailleuse photographique a pour but de faire connaître,

a. — la distance à laquelle se trouvait l'avion-but au moment du tir;

b. — la grandeur (réduite à l'échelle de la photographie) de la correction qu'il aurait fallu effectuer;

c. — la valeur de la correction-but faite par le tireur;

d. — le sens et la grandeur des erreurs commises.

2. Méthode de restitution. — Pour déterminer ces différents éléments, on a été conduit à adopter la méthode suivante.

a. Détermination de la distance de tir :

On superpose l'image de l'avion photographié à celle d'une maquette d'avion (de même type que l'avion but, construite à une échelle donnée).

Connaissant la distance de l'œil de l'opérateur à la maquette et l'échelle de cette maquette, il est facile de calculer la distance de tir ;

b. — détermination de la correction-but à effectuer :

Cette correction est fonction de la distance de tir et du type de l'avion but.

On la calcule, suivant les procédés habituels, en tenant compte de la vitesse du but et de la durée de trajet de la balle et on la porte sur la photographie, à l'échelle, dans le prolongement de l'axe du fuselage de l'avion-but ;

c. — la valeur de la correction-but effectuée par le tireur.

Cette correction est représentée, sur la photographie par la droite qui relie le nez du moteur de l'avion-but au point d'intersection des axes rectangulaires du réticule ;

d. — sens et grandeur des erreurs commises.

La situation de l'extrémité de la longueur correction-but portée sur la photographie par rapport à l'image du point d'intersection des axes rectangulaires du réticule permet de déterminer le sens et la grandeur des erreurs commises.

3. La restitution des films de tirs photographiques est effectuée au moyen d'un appareil spécial décrit par l'Instruction N. 11. J. 5. approuvée par D. M. n° 1.371 2A/12 du 4 février 1924. *Cette instruction* fixe le mode d'emploi de l'appareil et le mode de notation des tirs.

4. Il importe de restituer les tirs photographiques le plus tôt possible après leur exécution, le but à atteindre étant de donner au tireur l'appréciation de son tir dans la journée ou, au plus tard, le lendemain de son exécution.

F. — Réglage de l'appareil de visée avec l'axe optique de la mitrailleuse photographique.

I. Mitrailleuse Thorton-Pickard.

Il faut s'assurer, avant tout exercice, que le réglage de la ligne de visée (axe optique du Collimateur, ligne de mire Reille-Soult) coïncide avec l'axe optique de l'appareil photographique. A cet effet, installer la mitrailleuse-photographique sur un trépied fixe, ouvrir l'obturateur ; enlever le chariot porte-film et le chariot réticule, introduire le miroir plan à 45° de façon que l'évidement demi-cylindrique de la monture de ce miroir soit placé entre le tube-guide du perforateur faisant saillie dans la boîte parallélipipédique et que, le porte-réticule étant remis en place et poussé bien à fond, les cercles concentriques soient visibles sur la glace.

Diriger la ligne de mire de l'appareil de visée sur un point bien défini, à 100 ou 200 mètres de la mitrailleuse. Déplacer légèrement, s'il y a lieu, la mitrailleuse de manière que l'image du point visé coïncide dans le miroir avec le centre du réticule.

Sans déplacer la mitrailleuse, viser à nouveau le point choisi en se servant de la ligne de visée; régler celle-ci, s'il y a lieu, de manière que son prolongement passe exactement par le point choisi.

Enlever le miroir, replacer le porte-film.

Ouverture à la main de l'obturateur. — Deux moyens peuvent être employés pour ouvrir à la main l'obturateur.

Premier moyen. — Ramener le levier d'armement en arrière et armer, presser sur la détente avec l'index de la main droite, en retenant avec la main gauche le levier d'armement; conduire celui-ci en avant jusqu'au moment où l'on sent une légère résistance provoquée par la rencontre du talon de la tige d'armement avec le bonhomme à ressort du levier de commande de l'obturateur. Conduire, très lentement, le levier d'armement jusqu'à la fin de la rotation du levier de commande de l'obturateur, c'est-à-dire jusqu'à ce que l'on perçoive une résistance légère, mais nettement marquée.

À ce moment, l'obturateur est ouvert, on peut abandonner le bouton du levier d'armement.

Pour fermer l'obturateur, pousser brusquement le bouton du levier d'armement vers l'avant pour faire franchir le bonhomme arrêtoir par le talon de la tige d'armement.

Deuxième moyen. — Le levier d'armement étant à sa position avant, introduire la goupille de manœuvre de l'obturateur dans le trou *ad hoc* du tube pare-soleil; faire pivoter la goupille autour de sa pointe et vers le bas afin de la faire agir sur le tenon de manœuvre de l'obturateur. Pousser légèrement ce tenon pour maintenir l'obturateur à sa position d'ouverture.

II. Mitrailleuse O. P. L.

a. Cas du tir en chasse.

1° Poser la queue de l'avion, l'axe des roues étant horizontal, sur bâti fixe, de telle sorte que l'axe optique de l'appareil de visée, supposé réglé au préalable conformément au

— 178 —

règlement en vigueur, passe par un point net **P** du paysage suffisamment éloigné (1 kilomètre);

2° Enlever le châssis porte-film (voir le détail de cette opération à propos du chargement du film) et la porte glissière. Ouvrir l'obturateur en agissant sur le bouton disposé sur le capot avant; ouvrir le bouchon de visée arrière et l'accrocher dans cette position. On peut alors, en plaçant l'œil contre l'arrière de la mitrailleuse, voir l'image renversée du paysage à travers l'objectif se détacher sur le réticule;

3° Les trois vis à portée sphérique du support de la mitrailleuse étant légèrement serrées, de telle façon que l'un des fils du réticule soit sensiblement horizontal, faire pivoter à la main la mitrailleuse autour de son axe vertical jusqu'à ce qu'on voit le fil vertical du réticule se trouver sur le point P. Pour parfaire ce premier réglage, on agira sur l'excentrique de réglage qui permet d'obtenir les rotations de petite amplitude de l'appareil autour de son axe vertical;

4° Amener le fil horizontal du réticule sur le point P, en dévissant les deux vis arrière et vissant la vis avant, si le point P est trop bas; en dévissant la vis avant et vissant les deux (1) vis arrière, si le point P est trop haut;

5° Si l'opération 4 a détruit légèrement le réglage en direction, recommencer l'opération 3, et ainsi de suite (2) jusqu'à ce que le point P se trouve exactement à la croisée des fils. S'assurer alors que l'avion n'a pas bougé, en vérifiant que l'axe optique de l'appareil de visée passe toujours par le point P. L'axe optique est alors réglé (3).

b. Cas du tir en tourelle.

1° Faire l'opération 2 du cas précédent;

2° Placer le jumelage sur un support fixe, de manière que l'axe optique de la mitrailleuse-photo passe par un point éloigné P;

3° Agir sur le guidon spécial, de manière que la ligne de visée œilleton-guidon passe par le même point P (déplacer latéralement le bloc porte-girouette de la ligne de mire E. T. Aé., pour le réglage en direction, et visser plus ou moins le guidon dans sa douille pour le réglage en hauteur).

----

(1) Dans ces opérations, les deux vis arrière doivent être tournées de la même quantité; sinon le réglage en direction est détruit.

(2) Si, après avoir recommencé une fois les opérations 3 et 4, les dépointages successifs augmentent, il y a lieu de recommencer complètement le réglage.

(3) Cette opération du réglage de l'axe optique est faite une fois pour toutes, tant que le réglage de l'appareil de visée n'est pas modifié. Pratiquement elle se réduira, dans la plupart des cas, à une simple vérification.

ANNEXE V.

CONFECTION ET EMPLOI DES OBJECTIFS.

La préparation matérielle des séances de tir incombe : à l'Officier d'escadrille, pour les séances de tir de son unité; à l'Officier de tir de régiment, pour les tirs effectués par le régiment dans les champs de tir de garnison mis à la disposition de son corps.

Chacun en ce qui le concerne est responsable de la confection des objectifs réglementaires, de leur mise en place et de leur emploi.

A. — Objectifs pour tirs d'instruction.

a. **Tir réduit** (distance : 20 m.). — On emploie une cible carrée de 2 mètres de côté sur laquelle sont dessinés quatre visuels représentant des silhouettes d'avions vus de face sur lesquels un même tireur ouvrira successivement le feu, à volonté puis au commandement. Le cercle figurant le nez du moteur a 2 centimètres de diamètre.

La figuration de ces visuels peut être facilement obtenue dans les corps ou formations, par l'emploi de pochoirs en zinc ou aluminium.

La cible est constituée par un panneau formé d'un cadre en bois de peuplier dont l'intérieur est garni d'une toile d'emballage tendue à laquelle on donne la rigidité au moyen de vieux papiers collés sur les deux faces; la face antérieure est ensuite recouverte avec de grandes feuilles de papier blanc.

Les planches du cadre ont de 11 à 12 centimètres de largeur et 15 millimètres d'épaisseur. Leurs extrémités sont coupées à 45° et assemblées deux à deux au moyen d'une équerre en peuplier de même épaisseur, ayant la forme d'un triangle rectangle dont les côtés de l'angle droit sont égaux et ont 30 centimètres de longueur.

Ces équerres sont clouées sur les planches du cadre, du côté opposé à la toile, les pointes qui les fixent sont longues de 4 à 5 centimètres, de manière à dépasser, de 1 centimètre au moins, les deux épaisseurs de bois qu'elles traversent; la partie qui dépasse est rabattue à coups de marteau jusqu'à ce qu'elle vienne s'appliquer contre la planchette.

La toile d'emballage est fixée au cadre par des clous, à tête large et plate, placés de 6 en 6 centimètres. En haut et latéralement, elle est clouée sur le champ des planches du cadre; en bas, pour éviter qu'elle ne pourrisse par suite du contact avec le sol elle est clouée sur le plat de la traverse intérieure et ne dépasse pas le bord de cette traverse.

Dans chacun des angles supérieurs du cadre, on perce un trou de 15 millièmes de diamètre par lequel passe une corde dont on attache les deux bouts à deux forts piquets en bois solidement enfoncés en terre, l'un en avant et l'autre en arrière de la cible.

Celle-ci est maintenue dressée par la tension de cette corde.

Nota. — La toile d'emballage prévue pour la confection de la cible pourra être remplacée par de la toile d'avion récupérée.

b. Tirs réels à distance réduite.

1° *Mousqueton* (Distance : 40 m.).

La cible employée est celle décrite ci-dessus. Un seul visuel représentant un avion vu de face sera porté sur la cible. Le nez du moteur aura 4 centimètres de diamètre.

Pour les tirs au but, ce visuel sera entouré de cercles concentriques de 8, 12, 16 centimètres de diamètres;

2° *Mitrailleuse. Tirs de groupement*, même cible, visuel avion réduit au 1/10° vu de face, visuel d'un diamètre égal aux 5/1.000° de la distance (distance 30 à 50 mètres).

c. Tirs réels à distance réelle.

1. *Mousqueton.* — Même cible que pour les tirs précédents, un seul visuel représentant un avion réduit aux 1/10°, vu de face, visuel ayant un diamètre égal aux 5/1.000° de la distance.

Pour les tirs au but, ce visuel se trouve au centre de quatre cercles concentriques dont le plus grand a un diamètre égal au 1/200° de la distance. Les trois autres cercles ayant des diamètres égaux aux trois quarts, demi et quart du diamètre du plus grand cercle.

2° *Mitrailleuses* (distance : de 100 à 400 mètres).

1° *Vickers* (voir art. 118)

2° *Lewis* (voir art. 260).

B. — Ball-Trapp en tourelle.

L'objectif est constitué par un pigeon d'argile circulaire lancé par un projecteur mécanique ou à main. Poids du pigeon, 85 grammes environ.

C. — Avions-cibles.
(Voir notice S. T. Aé. 313-300-A.)

Les avions-cibles sont des dessins en couleur représentant des avions dans diverses positions à l'échelle du 1/20°, ou du

1/15ᵉ. Ces dessins sont collés sur des feuilles de carton portant quatre œilletons. Les indications suivantes sont portées :

1° Numéro d'ordre en jaune;

2° Deux points jaunes marquant sur le bord de la feuille la direction du fuselage ;

3° Un X noir marquant le centre de la région vulnérable;

4° Le type de l'avion représenté, l'échelle du dessin et l'inclinaison du fuselage sur le rayon visuel;

5° Un tableau à double entrée donnant, pour un avion de vitesse moyenne (170 K. H.), les corrections à faire à l'échelle pour différentes distances du tireur à la cible et les distances de tir qui y correspondraient dans la réalité;

6° La manière correcte de placer l'avion dans le réticule du Collimateur Chrétien.

Des cordelettes, munies de poids à leur extrémité, sont passées dans les œillets de l'avion cible.

Celui-ci est placé sur une cible blanche de 2 × 2 de même modèle que celle décrite pour les tirs précédents, de manière que les poids s'équilibrent et la maintiennent en position.

Le groupe d'avions-cibles comprendra trois cibles identiques placées à différentes distances (7 m. 50, 15 mètres, 30 mètres).

D. — Objectifs pour tirs en avion.

a. Parachutes pour exercices de visée.

Le parachute est construit en papier fort: il se compose de 12 bandes de couleurs différentes (blanches, bleues, rouges) collées côte à côte. Les pointes des bandes sont renforcées par des carrés de toile de 5 centimètres de côté, destinées à éviter la déchirure du papier au point d'attache d'un fil de cordonnet de coton de 1 millimètre d'épaisseur et de 1 mètre de longueur.

Les douze fils sont réunis à leur extrémité et forment une boucle où est attaché un sac de lest en toile de 25 centimètres de longueur et 10 centimètres de diamètre.

Diamètre du parachute ouvert :

Partie supérieure : 2 cm. 7;
Partie inférieure : 100 centimètres;
Poids : 155 grammes environ.

Mode d'emploi. — Lester le sachet du parachute avec 100 ou 200 grammes de sable, dégager la boucle et y attacher le sachet.

Le parachute lancé d'une hauteur de 1.500 mètres met de 25 à 40 minutes pour atterrir selon le lestage.

Nota. — Le parachute est utilisé uniquement pour des

exercices de visée. En aucun cas, il ne doit servir d'objectif de tir réel.

b) Tirs de groupement.

Objectif: Panneau de toile, camouflée à la couleur du sol, de 12 mètres sur 30 mètres, portant au centre une silhouette d'avion vu de face en grandeur naturelle.

Ce panneau porte un quadrillage de 1 mètre de côté, destiné à faciliter le relevé des tirs, et deux rectangles de 4×10 et 8×20 (fig. 18 *bis*) [1].

c) Tirs de correction-but.

Objectif : Silhouette en toile d'avion vu en dessus, ou vieil avion réformé (fig. 19).

Panneau en toile camouflée à la couleur du sol de 6×9, portant un quadrillage de 1 mètre de côté; ce panneau est placé en avant de la silhouette conformément aux indications données pour l'exécution de ce genre de tir (le centre du panneau a une distance de la partie vulnérable de la silhouette égale à la C. B. envisagée) [1].

d) Tir sur manche remorquée

Instruction provisoire sur la manipulation des objectifs aériens (manche H). — La manche objectif dite manche H. est une cible cylindro-conique en toile, qui, projetée du bord d'un avion en vol et remorquée ensuite par celui-ci, peut représenter les évolutions d'un appareil ennemi en mouvement dans l'espace.

Elle sert de but à des tirs réels exécutés soit par d'autres avions qui la pourchassent et l'attaquent, d'après les thèmes préparés à l'avance, soit par une ou plusieurs batteries de mitrailleuses ou de canons anti-aériens.

Divers types d'avions peuvent être employés au remorquage, notamment les avions BREGUET A2. et B2., POTEZ XV et, d'une manière générale, les avions biplaces à fuselage, propulsés par un moteur d'au moins 150 C. V.

1. Description de la manche et des organes de lancement. — La manche H (initiale du nom de l'adjudant Hœberlin, l'inventeur), offre, lorsqu'elle est déployée, l'aspect d'un tronc de cône très allongé ayant (fig. 55) :

5 mètres de longueur;

1 mètre de grand diamètre (entrée);

0 m. 70 de petit diamètre (sortie).

---

(1) Lorsque les tirs aériens de groupement sont effectués avec une mitrailleuse photographique, par suite de l'absence de champ de tir pour tir aériens réels, l'objectif, au lieu d'être camouflé, est au contraire rendu très apparent de façon à permettre la prise d'une photographie très nette et facile à exploiter.

Trou de 800 %m de diamètre
5 m
6 m
Trou de 1 m de diam
Trou de 700 %m
R
Mousqueton
Emerillon à billes
Boucle à cordes
6 brins
250 %m int. 650
C B B
350 B
500 C
400 A
1
2
3
4
5
6
C
D
Entrée
250 650
Longueur 5 m
Sortie
700
R
B
350
Ceinture
Bord en toile caoutchouc
Gousset double
Corde du pourtour
230
Œillet
Cordons de retenue
1 2
Trou R de l'extrémité d'échappement.
Détail à 0 m 10 d'un fragment du bord d'entrée.
LÉGENDE.
A = Trou d'échappement d'air arrière.
B = Trou de parachute.
DB = Manche intérieur parachute.
D = Ouverture.
C = Entrée.
REMARQUE. Au pliage le trou B est légèrement cousu de fil blanc.
Vue d'ensemble.

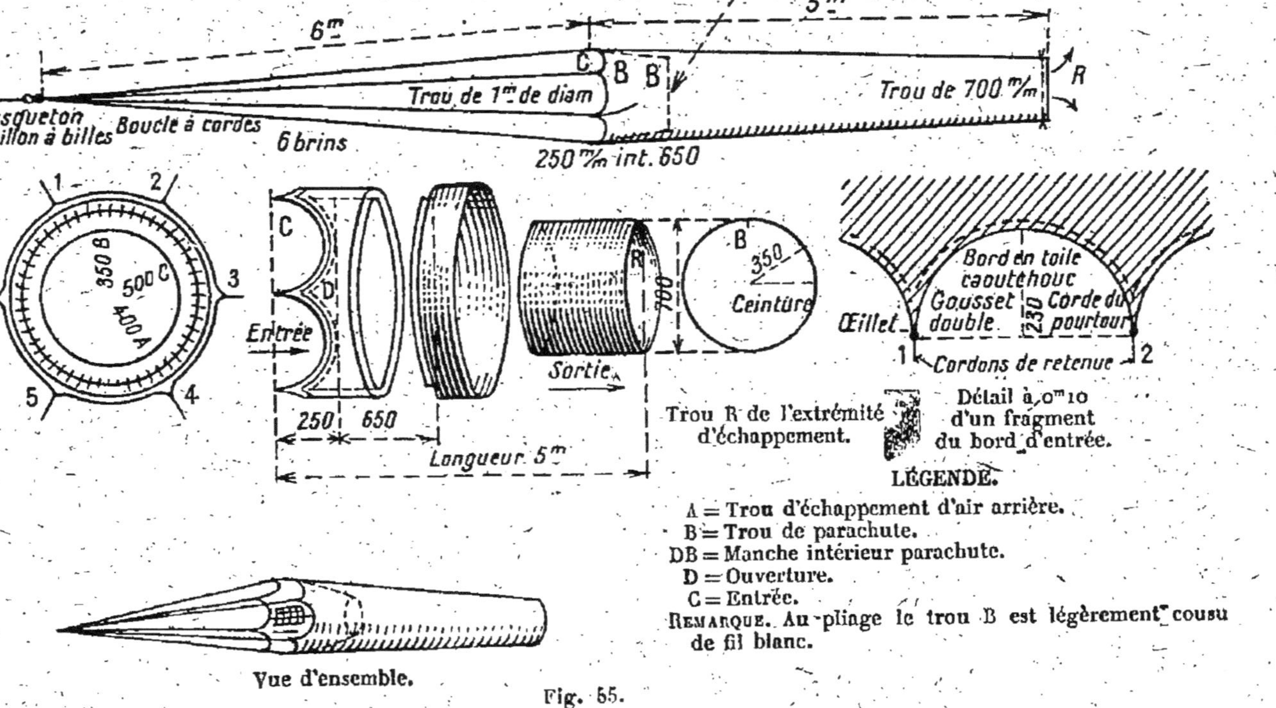

Fig. 55.

A l'entrée se trouve disposé, intérieurement, un tronc de parachute ayant même grand cercle que la manche mais dont l'orifice de sortie, formant dia, bragme, est calculé pour tenir la manche ouverte. Les réactions de l'air contre les parois du parachute créent une pression intérieure qui maintient ouverte l'entrée de la manche sans le secours d'aucune armature.

Le parachute est composé de six fuseaux. Chaque fuseau est posé de telle sorte qu'il vient, à sa base, se confondre avec le bord d'entrée de la manche. La base de chaque fuseau est en forme de pointe arquée : le bord de l'entrée de la manche est donc constitué de six dents de toile double, la toile extérieure étant la toile de la manche et la toile intérieure la toile du parachute.

Le diamètre de la petite base du tronc du parachute est de 0 m. 80. La manche et le parachute sont en toile à cerf-volant. L'extrémité de chaque dent du bord d'entrée de la manche est doublée d'un gousset en toile caoutchoutée sur laquelle est placé un œillet.

La manche est tirée par une « patte d'oie » à six brins égaux, en ficelle n° 3 de l'aérostation : chaque brin se fixe à des œillets au moyen d'une épissure. Chaque brin a 6 mètres de long.

La patte d'oie porte à son sommet, ligaturée par du fil solide, une boucle qui reçoit une cosse métallique légère.

La manche II peut être remorquée à une vitesse variant de 100 à 130 kilomètres-heure. Jusqu'à 130 kilomètres-heure, la traction qui en résulte est de 20 à 30 kilogs. A une vitesse supérieure à 130 kilomètres-heure, la traction augmente considérablement et atteint 35 kilogs et plus pour 150 kilo-mètres heure.

Au repos, c'est-à-dire prête à être employée, la manche est roulée et forme un cylindre de 0 m. 14 de diamètre sur 0 m. 60 de haut.

Son poids est d'environ 2 kg. 300.

La manche déployée offre dans l'espace une surface apparente équivalente aux parties vulnérables d'un avion.

2. Fil de remorque. — La manche est remorquée à l'aide d'une ficelle ou d'un câble ayant au moins 150 mètres de long.

La ficelle doit être de très bonne qualité, résistant à 120 kilogs de traction, de 3 millimètres de diamètre, d'un poids de 8 à 10 grammes le mètre. Employer de préférence la ficelle désignée sous le nom de « ficelle câblée » n° 5 de l'aéronautique.

Le système de remorquage par une ficelle est en général suffisant pour tirs réels d'avion contre avion ou pour les tirs de mitrailleuses de terre contre avion, mais il faut employer le câble métallique pour les tirs de fusils mitrailleurs contre avion (400 mètres de remorquage), ou pour les tirs de canon de 75 contre avion (500 à 600 mètres de remorquage).

— 185 —

Au cas où le fil de remorque est constitué par un câble
métallique, il y a lieu d'employer un câble en acier du genre
dit « câble de commande d'avion » et de 1 mm. 5 à 2 millimètres d'épaisseur de brins. *Beaucoup plus résistant* que la
ficelle, il est volumineux sur la bobine. Il présente un certain
danger pour les avions évoluant trop près de la manche, et
parfois quelques difficultés de bobinage.

3. Dévidoir de lancement. — La remorque est enroulée
à l'avance sur une bobine interchangeable munie d'un tambour de frein. Cette bobine tourne autour d'un axe porté par
un bâti en fer plat, léger et solide, fixé sur le plancher de
la carlingue dans l'habitacle du passager.

Ce dispositif ne permet pas de ramener la ficelle à bord.
Après chaque tir, il faut couper la remorque pour abandonner la manche qui est recueillie par un personnel placé à cet
effet.

Il faut donc, si on utilise le système de remorquage par
câble métallique, se réserver un moyen de décrochage en fin
de bobine (en général quelques mètres de cordes).

4. Bâti (fig. 56.). — Le bâti est constitué par deux montants en fer en forme de V renversé, disposé parallèlement
et formant entretoises. Les montants reposent, par leur
semelle, sur un châssis en bois, auquel ils sont boulonnés.

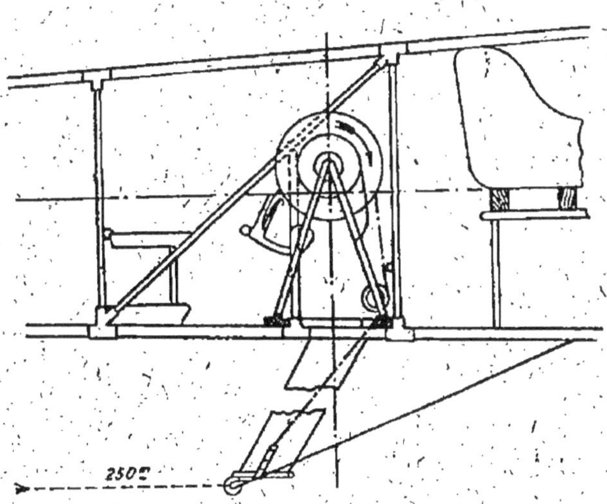

Fig. 56.

Les montants portent à leur sommet une encoche destinée
à recevoir l'axe de bobine. Ils sont reliés entre eux par trois
entretoises : deux réunissent les jambes avant du bâti, une
seule les jambes arrière. L'entretoise avant supérieure sert à
fixer le ruban de frein, l'entretoise avant inférieure est garnie

d'un chemin de roulement dit « diabolo » qui ramène le point de traction du fil à la base du dévidoir. L'entretoise arrière sert d'axe au levier de frein.

5. Bobine. — La bobine est constituée par un tambour d'enroulement en bois (ou en métal garni latéralement de joues métalliques minces), pouvant recevoir une certaine longueur de fil soigneusement enroulé.

Il existe deux modèles de bobines en service :

1° La bobine ordinaire qui peut recevoir 300 mètres de ficelle ;

2° La grosse bobine qui peut recevoir environ 600 mètres de câble métallique.

L'un des côtés de la bobine est occupé par une gorge servant de friction au ruban du frein.

Il y a avantage à garnir le fond de cette gorge, lorsque la bobine est en bois, avec une lame de cuivre assez épaisse. On évite ainsi un échauffement et une usure exagérée du bois et on permet d'ailleurs plus de progressivité dans le serrage du frein.

Les deux joues de la bobine sont percées en leur centre d'un trou pour le passage de l'axe de bobine.

6. Axe de bobine. — L'axe de bobine est constitué par une tige métallique filetée à ses deux extrémités et reposant, par l'intermédiaire d'un roulement à billes, dans un tube fermé. La tige dépasse le tube aux deux bouts, d'environ 5 centimètres. Le tube prend place exactement dans les deux trous qui lui servent de passage dans les joues de la bobine. Un épaulement, placé sur le tube, en assure le placement exact.

Les deux extrémités de l'axe de bobine viennent se placer dans les encoches qui sont réservées à cet effet au sommet des montants du bâti.

7. Frein et levier de frein. — Un ruban de frein en acier, fixé par une chappe à l'entretoise supérieure avant, passe dans la gorge qui lui est réservée dans chaque bobine et vient s'accrocher à volonté sur le levier de freinage, axé sur l'entretoise arrière.

Le levier de freinage porte un bec fendu qui peut s'engager sur l'axe de bobine : celui-ci est muni d'un écrou à oreilles qui permet par serrage un freinage continu.

8. Châssis. — Le châssis en bois dur (frêne de préférence) est fixé aussi près que possible du centre de gravité de l'avion, au niveau du plancher de la carlingue, sur les longerons ou les entretoises du fuselage.

Les attaches du châssis doivent être très robustes et ne comprendre que des colliers ajustés.

9. Tube de lancement. — Sous le châssis en bois, est placé un tube de lancement en tôle d'aluminium. Ce tube mesure o m. 15 à o m. 17 de diamètre intérieur et de o m. 40 à o m. 60 de longueur suivant le type de l'avion. A sa partie supérieure (entrée), ce tube est rivé sur une plaque reliée aux châssis par six boulons. La partie inférieure (sortie) est coupée en sifflet pour faciliter l'échappement de la manche. Le bord de sortie est muni d'une collerette de renforcement en aluminium soutenant, par deux bras, un diabolo en bronze monté sur axe, qui reçoit le fil de remorque et sert de poulie de renvoi.

Deux haubans, fixés d'une part à l'axe du diabolo et d'autre part au fuselage de l'avion, consolident l'ensemble

10. Sens de déroulement de la bobine. — La bobine, garnie du fil de remorque, doit tourner *d'arrière en avant* pour un observateur placé au-dessus d'elle. Ceci est indispensable pour obtenir un freinage sans à-coups étant donné les points d'attaches fixe et mobile du ruban de frein.

Lancement de la manche.

TRAVAIL PRÉPARATOIRE.

1. Obturation du parachute. — L'obturation du parachute a pour but d'assurer le bon fonctionnement de la manche. Lorsque la manche est projetée du bord de l'avion, elle se déroule en forme de bande. La vitesse cause une pression latérale qui l'empêcherait de s'ouvrir si une contre-pression intérieure plus forte n'intervenait pas. L'air, en s'infiltrant au travers des plis de l'entrée, vient gonfler le parachute, mais celui-ci étant fermé, le gonflement s'accentue rapidement; la manche s'ouvre alors brusquement sous le coup de bélier qui se produit quand les fils d'obturation du parachute se rompent.

Ce résultat est obtenu de façon très simple en cousant, en points de surjets espacés de 25 millimètres la sortie du parachute, lèvre à lèvre, avec du fil à bâtir très mince. La couture doit joindre les bords du parachute de façon à laisser passer le moins d'air possible, mais elle doit être assez fragile pour casser dès que la manche est ouverte. Ces conditions sont indispensables pour éviter tout insuccès.

2. Pliage de la manche. — Lorsque, dans un but de contrôle, les manches sont numérotées, elles doivent l'être près de l'entrée. Disposer alors la manche à plat, le numéro à droite en dessus, ou à gauche en dessous, ranger le parachute dans le même sens, ceci afin de faciliter le pliage.

Le parachute étant rangé à plat dans l'intérieur, étendre la manche soit sur une table, soit sur un sol propre. Bien la tirer par les extrémités afin de l'allonger le plus possible.

Rabattre le panneau A sur le panneau B, et le panneau C sous le panneau B. Allonger la patte d'oie et faire tendre par un aide. Deux hommes roulent alors la manche en commençant par le petit bout et en serrant très fort, de façon à former un rouleau bien compact. Ce serrage donne au rouleau la densité nécessaire pour plonger sous l'avion lors du lancement. Enrouler ensuite les brins de la patte d'oie côte à côte, en évitant de les faire chevaucher et toujours en serrant. Engager la fin de la patte d'oie sous les derniers tours pour éviter les déroulements.

3. Lancement de la manche. — La bobine étant en place et tournant librement sur son axe, dégager le bout de la patte d'oie, saisir l'extrémité de la corde du bobinage, la faire passer en avant de la poulie «diabolo» de l'entretoise inférieure avant du bâti, ramener ensuite la corde à soi et la passer dans la corde de la patte d'oie, faire l'attache.

Il est à remarquer qu'un système d'attache très pratique peut s'opérer de la façon suivante: la corde étant repliée sur elle-même après avoir traversé la cosse, la passer huit ou dix fois sur ses propres torons.

Au signal du pilote qui doit toujours commander le lancement et qui a préalablement mis son moteur légèrement au ralenti, le manipulateur introduit la manche roulée dans le tube de lancement, en évitant tout accrochage du fil de remorque, et laisse tomber en tenant le frein légèrement serré.

La manche glisse dans le tube, tombe sous l'avion, déroule d'abord sa patte d'oie, ouvre son parachute d'entrée, puis se déploie. En même temps, le manipulateur laisse filer doucement et freine progressivement pour arrêter à la longueur voulue, en se servant de l'écrou à oreilles.

Il faut toujours que le freinage s'effectue avant la fin du bobinage, même si la ficelle est fixée au tambour; au cas contraire, on risque, en effet, une rupture en arrivant violemment à bout de corde.

Le manipulateur doit attendre, pour dérouler sa corde, que la manche soit bien ouverte (voir incidents de manipulation).

4. Recommandations importantes pour le pilote :

1° Il est recommandé de ne donner le signal de lancement de la manche qu'au moment du survol d'un terrain où le personnel peut la recueillir, afin d'éviter, en cas d'insuccès, les pertes d'objectifs:

2° Il est également recommandé de ralentir légèrement pour le lancement de la manche et de ne reprendre que progressivement afin d'assurer plus de douceur pendant le déroulement.

Cette précaution devient indispensable dès que l'avion-remorqueur dépasse 150 kilomètres heure.

3° Éviter les piqués prolongés qui font casser la remorque;

4° Par contre, lorsque le parachute d'entrée ne se découd pas, le pilote peut amorcer un léger piqué pour tenter de rompre le fil à casser;

5° Ne pas pénétrer dans le secteur de tir avec une manche insuffisamment éloignée de l'avion;

6° Si un incident empêche le déroulement de la manche, revenir au-dessus du terrain et lâcher la manche défectueuse;

7° Dans les cas critiques, le pilote ne doit pas hésiter à faire couper la remorque, quel que soit le point survolé.

5. Libération de la manche après le tir. — Un peu avant de survoler le terrain désigné pour recevoir la manche coupée, le manipulateur saisit le couteau suspendu à portée de sa main et s'assure que la remorque, dans sa chute, ne gênera aucun avion volant au-dessous. Au moment voulu, il coupe la ficelle au plus près de la poulie de renvoi, et d'un coup sec afin d'éviter les effilochures.

6. Remplacement de l'objectif. — Il est possible de lancer plusieur manches successivement sans atterrir. Le manipulateur n'est limité que par l'encombrement de la carlingue et par la nécessité de pouvoir manœuvrer à son aise. Habituellement, trois bobines et trois manches sont facilement emportées.

Aussitôt après avoir coupé le fil de remorque, le manipulateur décroche le ruban de frein, enlève la bobine, sort l'axe, prend une bobine garnie, la monte sur l'axe et met celui-ci à sa place sur le dévidoir.

Il faut environ deux minutes à un opérateur exercé pour changer la manche.

7. Recommandations importantes pour le manipulateur :

1° Le manipulateur (ou manchiste) doit toujours être prêt à voler, aucun retard ne doit provenir de son fait dans le départ de l'avion;

2° Ne jamais partir sans couteau ni pince universelle;

3° Savoir exécuter les divers nœuds et épissures;

4° Ne pas laisser remorquer avec moins de 150 mètres de fil de remorque;

5° Avant le départ, vérifier le treuil et son fonctionnement, notamment le freinage;

6° Avant le lancement, s'assurer que la boucle de la manche est correctement dégagée;

7° Signaler au pilote les avions passant dans le voisinage en raison du danger du fil de remorque.

Éviter toute précipitation, agir avec calme et sang froid.

Signalisation avec la terre. — Des signaux peuvent être convenus avec un poste à terre.

Le poste à terre doit notamment pouvoir donner les indications suivantes à l'avion-remorqueur :

Changer l'objectif;

Couper l'objectif, fin du tir;

Plus haut;

Plus bas;

Plus loin;

Plus près.

Le manipulateur doit apporter toute son attention à l'observation de ces signaux et les communiquer de suite au pilote.

8. Incidents de manipulation :)

La manche ne se déroule pas. — Cause : la boucle de la patte d'oie a été mal dégagée.

Précaution à prendre à l'avenir : enrouler soigneusement la patte-d'oie et le fil de remorque sur la manche en évitant les chevauchements.

La manche se gonfle mal. — Cause : parachute mal obturé : la couture d'obturation trop lâche ne joint pas suffisamment les lèvres. L'air passe au travers du parachute sans lui donner «le coup de bélier».

Remède :

1° Piquer légèrement pour augmenter la pression sur le parachute. Couper la manche si le piqué ne donne rien;

2° A l'avenir, coudre les lèvres du parachute bien jointes avec un fil *très* faible, à points espacés de 25 millimètres environ, un nœud d'arrêt à chaque bout.

Le parachute se gonfle mal mais ne se découd pas. — Cause : le fil employé est trop résistant ou porte des nœuds ou bien la couture est à points trop serrés.

Remède : le pilote peut essayer de rompre le fil de la couture en piquant.

Employer à l'avenir un fil de coton à bâtir très fragile, faire la couture à points plus espacés.

La manche bien qu'ouverte est instable. — Cause : un des brins de la patte-d'oie est cassé.

Remède : couper la manche.

La remorque casse. — Cause : rupture par projectile. Cas relativement rare.

Rupture par casse ou par usure. Vérifier l'état du fil de remorque.

Changer la ficelle dès qu'elle parait pelucheuse.

Changer le câble métallique dès qu'il se produit des «cosses».

Vérifier la collerette du bord de sortie du tube de lancement; faire disparaitre les encoches à bavures susceptibles de couper la ficelle.

Les piqués prolongés et surtout les coups de frein brusques sur le tambour font également casser le fil de remorque.

Le dévidoir ne déroule pas. — Cause :

1° Tambour de frein trop étroit ou lame de frein trop large;

2° Lame de frein trop courte, ne desserre pas assez;

3° L'axe de bobine est usé ou bloqué;

4° Les écrous de l'axe ne sont pas serrés.

Remède : vérifier l'interchangeabilité des bobines et des axes; graisser les axes pour réduire l'usure.

Le dévidoir s'emballe. — Le tambour de frein est gras. Serrer à fond et dérouler par petites secouses.

9. Préparation de la manche. —Lorsque la manche a servi, avant de la plier à nouveau, boucher les trous des projectiles et vérifier la patte-d'oie.

Bouchage des trous. — Découper dans du tissu léger des rondelles de 3o à 35 millimètres de diamètre. Un tube d'acier limé en biseau peut faire un emporte-pièce suffisant. Coller ces rondelles avec de la dissolution caoutchouc.

Bien laisser sécher avant de plier.

Vérification de la patte-d'oie. — Les ficelles pouvant être éraflées par les balles, il faut les vérifier, au besoin les remplacer avant le pliage. Il faut donc que tous les brins composant la patte-d'oie soient démêlés de façon qu'elle soit «claire», c'est à-dire que chaque brin aille directement au sommet de son œillet sans croisement avec les autres. Le démêlage se fait en repassant la boucle terminale successivement dans chaque croisement des brins.

Entretien de la manche. — Après usage, les manches doivent être particulièrement séchées et débarrassées de toute impureté (sable, terre, épines, etc.)

Lorsqu'une manche est par trop souillée d'huile, la laver dans une lessive légère.

Enlever les pattes-d'oie avant le lessivage.

Les ficelles de remorquage doivent toujours être parfaitement séchées avant l'enroulement.

Une ficelle enroulée humide s'échauffe, fermente et pourrit très vite.

Tous les raccords du fil de remorque se font par épissures longues d'au moins 30 centimètres.

ANNEXE VI.

FONCTIONNEMENT
DU SERVICE DE L'ARMEMENT ET DU TIR
DANS LES RÉGIMENTS D'AVIATION
ET GROUPES D'AVIATION FORMANT CORPS.

---

1. Ce service est assuré conformément aux prescriptions du *Bulletin officiel* (Édition méthodique, volume 19, artillerie, Service de l'armement).

2. Les fonctions d'officier d'armement sont remplies dans chaque régiment par un adjudant-chef comptant à la compagnie hors rang de la dite formation.

Dans les groupes formant corps, les fonctions d'officier d'armement sont remplies par l'adjudant-chef de casernement.

3. L'armement des unités de l'aéronautique a fait l'objet de dispositions particulières insérées au *Bulletin officiel*, circulaire 1280-2.A/12, du 1er février 1924, *Bulletin officiel*, volume 11, page 713.

4. Armement ressortissant à l'aéronautique. — Les matériels d'armement ressortissant à l'aéronautique sont gérés et entretenus suivant les instructions parues sous le timbre de la direction de l'aéronautique.

A l'intérieur des escadrilles et des parcs d'aviation, l'armement technique de tir et de bombardement est entretenu, réglé et manipulé par *des mécaniciens d'aviation* ayant reçu une instruction complémentaire. Ces mécaniciens comptent à l'effectif des escadrilles et des parcs sous la rubrique « *mécaniciens d'armement* ».

Ces mécaniciens d'aviation *spécialisés dans l'armement* ne sont pas à confondre avec *les armuriers* qui travaillent à l'atelier du maître ou du chef armurier.

5. Armement ressortissant à l'artillerie. — Les matériels d'armement ressortissant à l'artillerie sont gérés et entretenus suivant les dispositions communes à toutes les armes et faisant l'objet de l'Instruction du 11 juillet 1913 (*Bulletin officiel*, volume 19) et suivant les dispositions spéciales faisant l'objet de l'Instruction du 14 janvier 1921 (*Bulletin officiel*, volume 19).

Les ouvriers militaires mis à la disposition des maîtres ou chefs armuriers pour l'exécution des réparations à l'armement géré par le service de l'artillerie sont prévus aux tableaux d'effectifs des compagnies hors rang ou des compagnies d'ouvriers d'aviation sous la rubrique *« Armuriers »*.

6. Service du tir dans les formations d'aviation. — L'instruction du tir aérien, du tir anti-aérien et du bombardement aérien est donné dans les corps, d'après les directives et sous la responsabilité du chef de corps et des commandants d'unités.

Il importe que cette instruction, dont le but est de porter au plus haut degré la valeur combative des équipages ainsi que le rendement de l'armement dont ils disposent, soit conduite avec un soin tout particulier.

Les chefs de corps et commandants d'unités sont aidés dans l'accomplissement de cette tâche des plus importantes par des officiers et sous-officiers dénommés :

Officiers de tir de régiment,

Officiers de tir de groupe,

Officiers de tir d'escadrille,

Moniteurs de tir,

ayant reçu, à cet effet, une instruction spéciale au cours pratique de tir et de bombardement aériens et ayant subi avec succès les épreuves théoriques et pratiques figurant au programme d'examen pour l'obtention du certificat d'aptitude aux fonctions d'officier de tir ou de sous-officier moniteur de tir (*Bulletin officiel*, Édition méthodique, volume 11, page 286).

A. *L'officier de tir du régiment* sert de conseiller technique au commandant du régiment (1) pour tout ce qui concerne les questions de tir aérien, de tir anti-aérien, de bombardement aérien.

En particulier :

a) Il fournit au commandant du régiment tous les éléments techniques nécessaires à l'établissement des progressions générales d'instruction;

b) Il donne aux commandants de groupe tous renseignements techniques utiles concernant l'emploi judicieux et le bon entretien du matériel d'instruction confié aux unités;

---

(1) Ou au commandant en second, normalement chargé des diverses instructions.

c) Il veille à l'exécution des prescriptions ministérielles relatives à l'établissement et à l'emploi des stands et champs de tir ;

d) Il prépare l'organisation des tirs et des bombardements du régiment ;

e) Lorsque du matériel nouveau est mis en service, ou que des procédés nouveaux d'instruction ou d'emploi sont rendus réglementaires, il instruit ou confirme le personnel instructeur du régiment après avoir, s'il y a lieu, suivi à cet effet un stage de perfectionnement ;

f) Il veille à la bonne tenue du registre de tir et de bombardement du régiment (modèle n° 1).

B. *L'officier de tir de groupe* seconde le chef de groupe en tout ce qui concerne les questions de tir et de bombardement.

C. *L'officier de tir d'escadrille* est à la disposition du commandant d'escadrille pour tout ce qui concerne l'instruction du personnel, l'entretien du matériel d'armement, la tenue des registres, carnets et feuillets de tir de l'escadrille.

D. *Le sous-officier moniteur de tir* de l'escadrille est à la disposition de l'officier de tir.

En particulier pour :

a) Préparer les exercices ;

b) Donner les instructions pratiques complémentaires ;

c) Tenir à jour les registres et contrôles :

Modèle n° 2. — Registre de tir et de bombardement d'escadrille ;

Modèle n° 3. — Carnet individuel de tir et de bombardement ;

Modèle n° 4. — Feuillet individuel de tir et de bombardement.

Nota. — Tous ces documents sont vérifiés et visés trimestriellement par les commandants de groupe et présentés au chef de corps annuellement et *à l'occasion des propositions d'avancement.*

7. Désignation des officiers et moniteurs de tir. — Les officiers et les sous-officiers possesseurs du certificat d'aptitude aux fonctions d'officier ou de moniteur de tir sont désignés comme suit :

A. *Officier de tir du régiment.* — En principe, l'adjoint technique au commandant de régiment.

B. *Officier de tir de groupe.* — Ces fonctions sont remplies en principe par l'adjoint au commandant de groupe.

Elles peuvent être confiées, par le commandant du régiment, à un officier de tir d'escadrille proposé par le commandant de groupe, pour les remplir en supplément de ses fonctions dans l'intérieur de son escadrille.

C. *Officier de tir d'escadrille.* — Cet officier est nommé à ces fonctions par le commandant du régiment, sur proposition du chef d'escadrille et avis de ses chefs hiérarchiques.

Dans les escadrilles de monoplaces, ces fonctions peuvent être remplies par un adjudant-chef ou à défaut par un adjudant.

D. *Moniteur de tir.* — Gradé de carrière, nommé dans les mêmes conditions que l'officier de tir d'escadrille.

Pilote dans les escadrilles de monoplace, mitrailleur de préférence dans es escadrilles de multiplaces.

Page 1.

MODÈLE Nº 1.

*Format du Registre
de comptabilité :
0.33 × 0.22.*

...ᵉ RÉGIMENT.

REGISTRE DE TIR ET DE BOMBARDEMENT DE RÉGIMENT.

ANNÉE.........

Officier de tir du Régiment.......................

Pages 2 et 3.

CONTRÔLE DES OFFICIERS DE TIR,

DES MONITEURS DE TIR

ET DES CANDIDATS À CES FONCTIONS.

GRADE.	NOM.	FONCTION.	EMPLOI.	AFFECTA-TION.	OBSERVATIONS. MUTATIONS, STAGES. Date de l'obtention du certificat d'aptitude aux fonctions d'officier de tir ou de sous-officier moniteur de tir.

Page 4.

I. — TIR.

CHAPITRE I. — MUNITIONS.

1. — *Allocations globales annuelles.*

DÉSIGNATION.	ALLOCATIONS annuelles et références.	QUANTITÉS consommées pendant l'année.	OBSERVATIONS.

2° *Répartition des mu...itions par genre de tir et par tireur.* **Page 5.**

<table>
<tr><td rowspan="4">DÉSIGNATION.</td><td colspan="3">TIRS À L'ARME d'épaule.</td><td rowspan="4">BALL-TRAPP.</td><td rowspan="4">PISTOLET.</td><td colspan="11" align="center">ALLOCATIONS PAR EXERCICES ET PAR TIREUR.
TIRS À LA MITRAILLEUSE.</td><td rowspan="4">TOTAL DES MUNITIONS par catégorie et par tireur.</td><td rowspan="4">TOTAL DES MUNITIONS pour le régiment. Nombre de tireurs (1).</td><td rowspan="4">OBSERVA-TIONS.</td></tr>
<tr><td rowspan="3">Tir réduit.</td><td colspan="2">Tirs réels à distance</td><td colspan="5">Tirs à terre.</td><td colspan="6">Tirs en vol.</td></tr>
<tr><td rowspan="2">réduite.</td><td rowspan="2">réelle.</td><td rowspan="2">À blanc.</td><td rowspan="2">De fonctionnement.</td><td rowspan="2">Au but.</td><td rowspan="2">avions-maquettes grandeur réduite ou avion cible.</td><td rowspan="2">Tirs anti-aériens.</td><td rowspan="2">À blanc.</td><td colspan="3">Tirs d'instruction.</td><td colspan="2">Tirs de combat</td></tr>
<tr><td>Groupement.</td><td>Avion cible au sol.</td><td>Photographique.</td><td>Tirs préparatoires.</td><td>Tirs de combat proprement dits.</td></tr>
<tr><td>Nombre d'exercices</td><td></td><td></td><td></td><td></td><td></td><td></td><td></td><td></td><td></td><td></td><td></td><td></td><td></td><td></td><td></td><td></td><td></td><td></td><td></td></tr>
<tr><td>Cartouches à blanc</td><td></td><td></td><td></td><td></td><td></td><td></td><td></td><td></td><td></td><td></td><td></td><td></td><td></td><td></td><td></td><td></td><td></td><td></td><td></td></tr>
<tr><td>Cartouches ordinaires { 7 m/m 7 / 8 m/m</td><td></td><td></td><td></td><td></td><td></td><td></td><td></td><td></td><td></td><td></td><td></td><td></td><td></td><td></td><td></td><td></td><td></td><td></td><td></td></tr>
<tr><td>Traceuses</td><td></td><td></td><td></td><td></td><td></td><td></td><td></td><td></td><td></td><td></td><td></td><td></td><td></td><td></td><td></td><td></td><td></td><td></td><td></td></tr>
<tr><td>Perforantes</td><td></td><td></td><td></td><td></td><td></td><td></td><td></td><td></td><td></td><td></td><td></td><td></td><td></td><td></td><td></td><td></td><td></td><td></td><td></td></tr>
<tr><td>Traceuses perforantes</td><td></td><td></td><td></td><td></td><td></td><td></td><td></td><td></td><td></td><td></td><td></td><td></td><td></td><td></td><td></td><td></td><td></td><td></td><td></td></tr>
<tr><td>Incendiaires { 7 m/m / 11 m/m</td><td></td><td></td><td></td><td></td><td></td><td></td><td></td><td></td><td></td><td></td><td></td><td></td><td></td><td></td><td></td><td></td><td></td><td></td><td></td></tr>
<tr><td>Ball-trapp.</td><td></td><td></td><td></td><td></td><td></td><td></td><td></td><td></td><td></td><td></td><td></td><td></td><td></td><td></td><td></td><td></td><td></td><td></td><td></td></tr>
<tr><td>Pistolet.</td><td></td><td></td><td></td><td></td><td></td><td></td><td></td><td></td><td></td><td></td><td></td><td></td><td></td><td></td><td></td><td></td><td></td><td></td><td></td></tr>
<tr><td>Winchester 6 m/m</td><td></td><td></td><td></td><td></td><td></td><td></td><td></td><td></td><td></td><td></td><td></td><td></td><td></td><td></td><td></td><td></td><td></td><td></td><td></td></tr>
<tr><td>Bobines pellicules 6 poses.</td><td></td><td></td><td></td><td></td><td></td><td></td><td></td><td></td><td></td><td></td><td></td><td></td><td></td><td></td><td></td><td></td><td></td><td></td><td></td></tr>
</table>

(1) Les chiffres de cette colonne doivent être en concordance avec ceux du tableau des allocations de munitions, Page 4.

Pages 6, 7, 8.

CHAPITRE III.

PROGRESSION GÉNÉRALE ANNUELLE

POUR L'INSTRUCTION DU TIR.

(Tir à l'arme d'épaule, tir aérien, tir anti-aérien).

II — BOMBARDEMENT.

CHAPITRE I. — MUNITIONS.

1. — Allocations globales annuelles.

DÉSIGNATION.	ALLOCATIONS annuelles et références.	QUANTITÉS consommées dans l'année.	OBSERVATIONS.

Page 10.

2. — Répartition des munitions
par genre d'exercice et par tireur.

RÉPARTITION PAR EXERCICE DE BOMBARDEMENT ET PAR TIREUR.

TIRS D'INSTRUCTION.				TIRS DE COMBAT.				OBSERVATIONS.
Nature du tir.	Nombre de bombes (a).	Nombre d'exercices.	Total des bombes (a).	Nature du tir.	Nombre de bombes (a).	Nombre d'exercices.	Total des bombes (a).	
								(a) Avec indication du type de la bombe. (1) Le total doit correspondre aux allocations du tableau I.
Total (nombre de tireur)			(1)				(1)	

Pages 11, 12, 13.

PROGRESSION GÉNÉRALE ANNUELLE

POUR L'INSTRUCTION

DU BOMBARDEMENT AÉRIEN.

Page 1.

MODÈLE N° 2.

Format du Registre
de comptabilité :
0.33 × 0.22.

...ᶜ RÉGIMENT.

...ᵉ GROUPE.

...ᵉ ESCADRILLE.

———

REGISTRE DE TIR ET DE BOMBARDEMENT

D'ESCADRILLE.

———

ANNÉE.........

———

Officier de tir...

Moniteur de tir..

———

Pages 2 et 3.

TENUE DU REGISTRE DE TIR.

1. Le moniteur de tir de l'escadrille est chargé, sous la responsabilité de l'officier de tir, de la tenue du registre de tir.

Dans ce but, au cours des différents exercices, il note sur une minute, qu'il signe en fin de séance, tous les renseignements nécessaires.

Les indications de cette minute servent à l'établissement journalier du registre de tir.

2. Progression. — Les progressions sont établies au format du registre de tir. Elles y sont intercalées à la date de leur premier jour.

Les séances d'instruction ou exercices, sur une même partie de la progression générale se rapportant au même personnel, portent un numéro d'ordre.

Les numéros d'ordre des séances sont reportés dans la colonne qui leur est réservée au chapitre IV « Compte rendu journalier du travail ».

3. Tirs photographiques. — Les épreuves photographiques des tirs à la photo-mitrailleuse, prises au cours d'un même exercice, dont les clichés numérotés sont conservés aux archives de la section photo, sont groupés sur une même feuille, du format du registre pour chaque tireur.

Au recto, on porte le nom du tireur, la note obtenue.

Au verso, on porte les conditions particulières de l'exercice, la justification de la note attribuée.

Ces feuilles individuelles sont intercalées au chapitre VI à la date de leur exécution.

Pages 4 et 5.

CHAPITRE I.

RÉFÉRENCES.

1° — RÈGLEMENTS EN VIGUEUR.

2° — DÉPÊCHES MINISTÉRIELLES DE BASE.

Pages 6 et 7.

CHAPITRE II.

CONTRÔLE DES TIREURS.

GRADE.	NOM.	FONCTIONS.	OBSERVATIONS.

Pages 8, 9 et 10.

CHAPITRE III.

CONTRÔLE DES DOCUMENTS D'INSTRUCTION.

DÉSIGNATION RÉGLEMENTAIRE.	NUMÉRO DU RÉPERTOIRE.	DATE D'ARRIVÉE PRÊTS, MUTATIONS, ETC.

Pages 11 à 300.

CHAPITRE IV.

COMPTE RENDU DU TRAVAIL JOURNALIER CONCERNANT LE TIR ET LE BOMBARDEMENT [1]

DATES. [2]	EXERCICE.	N° DE LA SÉANCE.	NOMS ET GRADES des exécutants.	ARMES UTILISÉES. [3]	BALLES tirées.	BALLES mises.	NOTE.	OBSERVATIONS, INCIDENTS, Motifs d'absence, etc. Écart en direction et portée, etc.

(1) Le travail se rapportant au tir aérien sera indiqué à l'encre noire; le travail se rapportant au bombardement aérien à l'encre rouge.

(2) Cette indication doit être portée pour chaque jour de l'année et suivie, le cas échéant, des motifs ayant empêché le travail; mauvais temps, repos, etc.

(3) Indiquer le numéro et le type des armes utilisées.

Page 1.

MODÈLE N° 3.

Format
du livret individuel:
17 × 11.

...^e RÉGIMENT D'AVIATION.

...^e GROUPE.

...^e ESCADRILLE.

CARNET INDIVIDUEL DE TIR

ET DE BOMBARDEMENT.

Appartenant au { *Grade*: ....

{ *Nom*: ....

NOTA. — Les renseignements nécessaires à la tenue à jour du carnet individuel sont fournis par le registre de tir et de bombardement d'escadrille. (Modèle n° 2.)

1° Il est établi un carnet individuel de tir et de bombardement par officier, sous-officier et homme de troupe du personnel navigant comptant à l'effectif du régiment;

2° Le carnet individuel de tir et de bombardement est tenu à jour par le moniteur de tir sous la responsabilité de l'officier de tir d'escadrille.

Lors de la libération, il est confié au militaire qui le conserve au même titre que son livret individuel et le rapporte lors de ses périodes d'instruction.

Page 2.

I. — ÉTUDE DE L'ARMEMENT DES AVIONS

L'appréciation de l'officier de tir du régiment est mentionnée en :

Très bien, bien, mauvais.

L'instruction est divisée en 4 périodes :

DÉSIGNATION.	PREMIÈRE PÉRIODE.	DEUXIÈME PÉRIODE.	TROISIÈME PÉRIODE.	QUATRIÈME PÉRIODE.
Armement de capot.............				
Armement de tourelle..........				
Armement de signalisation.......				
Matériel d'instruction..........				
Lance-bombes.................				
Munitions....................				
Réglage.....................				

Page 3.

II. — TIR AÉRIEN.

A. EXERCICES À TERRE. — ARME D'ÉPAULE.

a) *Arme d'épaule pour tir réduit.*

DATE.	N° DE LA SÉANCE.	NOMBRE de BALLES TIRÉES.	NOMBRE de BALLES MISES.	APPRÉCIA-TION.

Page 4.

b) Arme d'épaule. — Tir réel à distance réduite.

DATE.	NUMÉRO de LA SÉANCE.	NOMBRE DE BALLES tirées.	NOMBRE DE BALLES mises.	APPRÉCIATION.

Page 5.

c) Arme d'épaule. — Tir réel à distance réelle.

DATE.	NUMÉRO DU TIR. (1)	DIS-TANCE.	NOMBRE DE BALLES tirées.	NOMBRE DE BALLES mises.	APPRÉCIA-TION.

(1) Se référer au n° du tir correspondant de l'Instruction sur la pratique du tir du 1er septembre 1910.

Page 6.

d) *Tir au revolver et au pistolet.*

DATE.	NUMÉRO DU TIR (1).	DISTANCE.	CIBLE.	NOMBRE DE BALLES TIRÉES.	NOMBRE DE BALLES MISES.	APPRÉCIA-TION.

(1) Se référer au n° du tir correspondant du tableau I, page 127, de l'Instruction sur la pratique du tir du 1ᵉʳ septembre 1920.

Page 7.

e) Tir au ball-trap en tourelle.

TE.	NUMÉRO DU TIR. (1)	GENRE de LANCEMENT.	NOMBRE de CAR- TOUCHES.	PIGEONS ABATTUS (nombre de)	APPRÉCIA- TION.

(1) Se référer au n° correspondant du tableau II (2ᵉ partie) de l'Instruction.

Page 8.

2. — EXERCICES À TERRE. — MITRAILLEUSES.

a) Tirs de fonctionnement des mitrailleuses.

DATE.	NUMÉRO DE LA SÉANCE.	NOMBRE DE BALLES tirées.	APPRÉCIATION.

Page 9.

b) *Tir réel à la mitrailleuse à distance réelle.*

Tir-au but.

DATE.	NUMÉRO DE TIR. (1)	NOMBRE DE BALLES tirées.	NOMBRE DE BALLES mises.	NOTE D'APPRÉCIATION.

(1) Se référer au n° de tir correspondant des tableaux I (1re et 2e parties) de l'Instruction.

Page 10.

c) *Tir réel a distance réduite.*

Tir sur avion-maquette grandeur réduite (ou tir sur avion-cible).

DATE.	NUMÉRO DU TIR. (1)	DIS-TANCE MOYENNE.	NOMBRE DE BALLES tirées.	NOMBRE DE BALLES mises.	APPRÉCIA-TION.

(1) Se référer au n° du tir correspondant du tableau II (1re partie) et du tableau III (2e partie) de l'Instruction.

Page 11.

1. — TIRS AÉRIENS
SUR CIBLE DE GROUPEMENT.

DATE.	NUMÉRO DU TIR (1).	OBJECTIF.	DISTANCE MOYENNE.	NOMBRE DE PASSAGES.	NOMBRE DE BALLES TIRÉES.	NOMBRE DE BALLES MISES.	APPRÉCIATION.

(1) Se référer au n° correspondant du tableau III (1re partie) et du tableau IV (2e partie) de l'Instruction.

10.

Page 12.

2. — TIRS AÉRIENS
SUR AVION-CIBLE GRANDEUR NATURELLE.

DATE.	NUMÉRO DU TIR (1).	DISTANCE.	VITESSE SUPPOSÉE DU BUT.	NOMBRE DE BALLES TIRÉES.	NOMBRE DE BALLES MISES.	APPRÉCIA-TION.

(1) Se référer au n° correspondant du tableau III (1re partie) et du tableau IV (2e partie) de l'Instruction.

Page 13.

B. — TIRS AÉRIENS.

III. — TIRS
À LA MITRAILLEUSE PHOTOGRAPHIQUE.

DATE.	NUMÉRO DU TIR. (1)	OBJEC-TIF.	AVION-TIREUR.	NUMÉRO DU FILM.	APPRÉCIA-TION.

(1) Se référer au n° correspondant du tableau IV (1re partie) et du tableau V (2e partie) de l'Instruction.

Page 14.

4. — TIRS SUR MANCHE REMORQUÉE.

(Tirs préparatoires de combat.)

DATE.	NUMÉRO DU TIR (1).	DISTANCE MOYENNE.	BUT ÉVOLUANT.	NOMBRE DE BALLES TIRÉES.	NOMBRE DE BALLES MISES.	APPRÉCIA-TION.

(1) Se référer au n° correspondant du tableau V (1re partie) et du tableau VI (2e partie) de l'Instruction.

Page 15.

III. — BOMBARDEMENT AÉRIEN.

A. — EXERCICES À TERRE AU TAPIS ROULANT.

DATE.	NUMÉRO de LA SÉRIE.	GENRE DE TIR.	NOMBRE DE BALLES tirées.	APPRÉCIATION.

Page 16.

B. — EXERCICES EN VOL.

a) Passage à la verticale d'un point.

DATE.	NUMÉRO DE LA SÉANCE.	ALTITUDE.	APPRÉCIATION.

Page 17.

b) *Exercice de bombardement fictif.*

DATE.	NUMÉRO DE LA SÉANCE.	ALTITUDE.	APPRÉCIATION.

Page 18.

c) Bombardement avec bombes d'exercice.

DATE.	NUMÉRO DE LA SÉANCE.	ALTITUDE.	GENRE DE TIR.	NOMBRE DE BOMBES TIRÉES.	NOMBRE DE BOMBES MISES.	ÉCART DE PORTÉE.	ÉCART EN DIRECTION.	APPRÉCIA-TION.

Page 19.

d) Bombardement avec bombes réelles.

DATE.	NUMÉRO DE LA SÉANCE.	ALTITUDE.	GENRE DE TIR.	NOMBRE DE BOMBES TIRÉES.	NOMBRE DE BOMBES MISES.	ÉCART EN PORTÉE.	ÉCART EN DIRECTION.	APPRÉCIATION.

Page 20.

GRAPHIQUES DES ÉCARTS.

———

A chaque bombardement correspond une ligne verticale numérotée. Inscrire au bas de la page, sur la ligne verticale correspondante, la date et l'altitude du bombardement.

Porter les écarts sur cette ligne au-dessus ou au-dessous de la ligne origine 0, suivant le sens de l'écart, les écarts en portée sont indiqués en noir, les écarts en direction sont notés en rouge.

———

Pages 21, 22, 23 et 24.

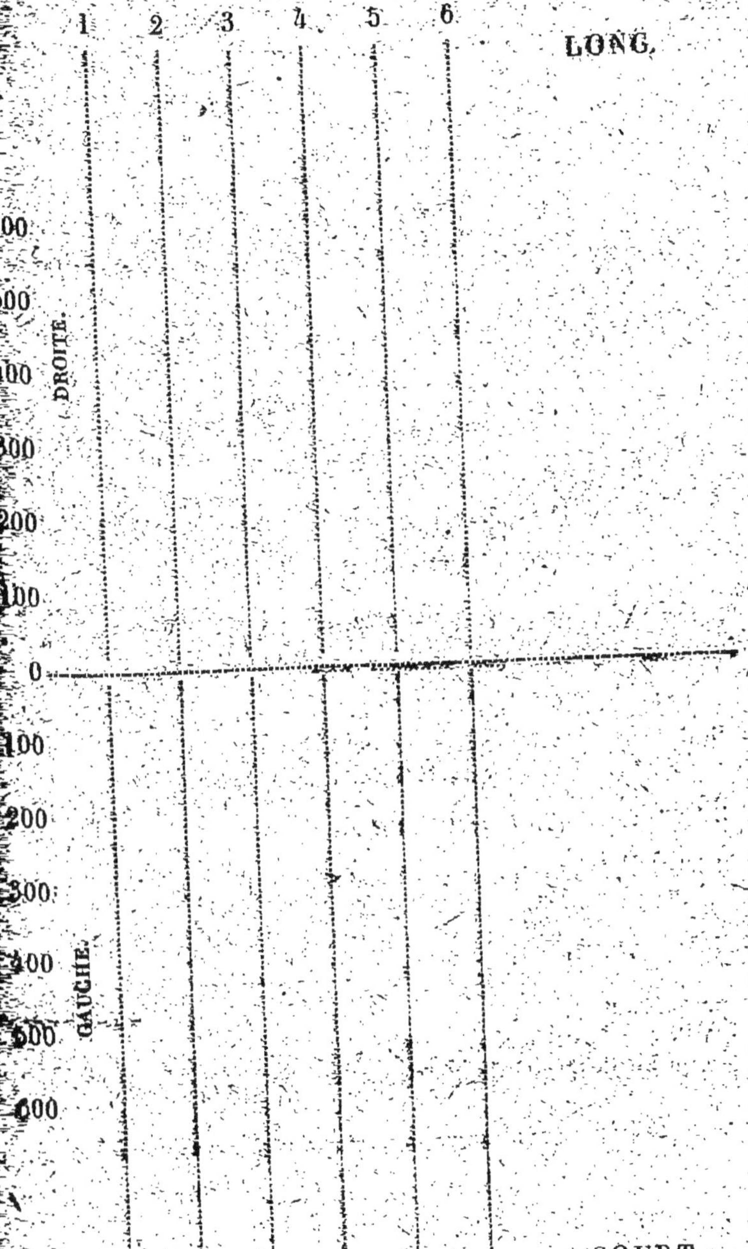

LONG.

DROITE.

GAUCHE.

COURT.

Page 25.

RÉSULTATS GÉNÉRAUX.

CONNAISSANCE ET PRATIQUE DU MATÉRIEL D'ARMEMENT, de tir et de bombardement.	APPRÉCIA- TION. — Très bon, bon, passable, mauvais.	POURCEN- TAGE.
Habileté au tir à l'arme d'épaule ……		
— au pistolet…………		
— à la mitrailleuse…….		
— aérien à la mitrailleuse-photographique………………		
Habileté au tir aérien de groupement..		
— — sur avion-cible…		
— — sur manche re-morquée……………………		
Habileté au bombardement au tapis roulant………………		
Habileté aux bombardements fictifs….		
Habileté au bombardement avec bombe réelle ou d'exercice……………		
Résultats obtenus aux concours régi-mentaires de tir et de bombardement.		

Modèle N° 4.

Format du livret individuel.
17 × 11.

FEUILLET DE TIR.

DU LIVRET INDIVIDUEL.

CORPS.	ADRESSE AU TIR						RÉCOMPENSES DE CLASSEMENT. et de concours régimentaires.
	Arme d'épaule.	Mitrailleuse photographique.	Tir aérien sur avion-cible.	Tir sur mantle.	Bombardement.		

PRIX ET MENTIONS HONORIFIQUES

OBTENUS DANS LES CONCOURS OFFICIELS NON RÉGIMENTAIRES.

ANNEXE VII.

CLASSEMENTS. — CONCOURS.

RÉCOMPENSES.

—

1. Classements.

Lorsque l'instruction individuelle du tir et du bombardement aérien est terminée (1), chaque Commandant d'escadrille procède au classement du personnel navigant (troupe) sous ses ordres.

Pour toutes les escadrilles et en principe pour toutes les spécialités du personnel navigant, le classement porte sur le tir aérien.

De plus, pour les escadrilles dans lesquelle est donnée l'instruction du bombardement, il est établi un deuxième classement qui porte sur le bombardement aérien. (Voir Instruction provisoire sur la pratique du bombardement aérien [2].)

Classement relatif au tir. — Pour le classement des pilotes, l'appréciation du Commandant d'escadrille est basée sur l'ensemble des résultats obtenus pendant toute la durée de l'instruction et particulièrement sur les résultats des tirs à la mitrailleuse photographique et des tirs réels à la mitrailleuse sur objectif au sol.

En vue de ce classement, les tirs précités font l'objet, pour chaque tireur, d'une notation chiffrée enregistrée sur le registre de tir et de bombardement d'escadrille (voir modèle n° 2).

Le classement des mitrailleurs est effectué selon les mêmes principes:

a. *Bon tireur*. — Le Commandant d'escadrille classe *bon tireur* tous les gradés ou soldats qui ont effectué la série des tirs prévue pour eux et qui ont obtenu le tiers du maximum des points correspondant à cette série.

---

(1) C'est-à-dire avant l'instruction des tirs de combat.
(2) Paraîtra ultérieurement.

b. *Tireur de 1re classe.* — Le Commandant d'escadrille nomme *tireurs de 1re classe* les meilleurs tireurs de chaque catégorie, pilotes et mitrailleurs, sans dépasser le quart de l'effectif de chaque catégorie, les officiers n'étant pas comptés dans cet effectif.

c. *Tireurs d'élite.* — Le Commandant d'escadrille propose pour le titre de *tireurs d'élite* les meilleurs des gradés et soldats classés tireurs de 1re classe sans dépasser le quart de l'effectif de ces derniers.

Les propositions sont transmises au Chef de Corps après avis du Commandant de groupe.

Les nominations au titre de tireur d'élite sont prononcées par le Chef de Corps et font l'objet d'un ordre du Régiment.

Les tireurs de 1re classe et les tireurs d'élite reçoivent un insigne spécial. Cet insigne est porté sur le côté droit de la poitrine.

II. Concours régimentaires.

Des concours de tir aérien sont organisés annuellement par chaque Chef de Corps, en principe vers la fin de la période des tirs réels, en profitant de la présence du régiment sur un champ de tir.

Tous les officiers subalternes du régiment appartenant au personnel navigant concourent entre eux chaque année. Les Commandants d'escadrille prennent part au concours ainsi que les officiers supérieurs qui le désirent.

Un deuxième concours régimentaire de tir aérien est organisé entre les sous-officiers, caporaux et soldats du personnel navigant désignés par les commandants d'escadrille parmi les tireurs d'élite à raison de :

Un pilote par escadrille de monoplaces,

Un pilote et un mitrailleur par escadrilles de biplaces.

Pour les escadrilles de multiplaces, il est désigné autant de mitrailleurs qu'en comporte le service de l'armement réglementaire du type d'appareil de l'escadrille. Les pilotes ne prennent pas part au concours, comme tireurs, si l'appareil ne comporte pas d'armement pour le pilote.

Quoique distinctes, les épreuves des concours sont les mêmes pour les officiers et pour la troupe.

Les différents concours peuvent ne pas être effectués dans la même journée, mais chacun d'eux doit être terminé dans la même séance, à moins de circonstances atmosphériques nettement défavorables.

Jury. — Dans chaque régiment, un jury est désigné par le Chef de corps parmi les officiers et les sous-officiers ne prenant pas part au concours. Le jury est présidé par un officier supérieur. Il a pour mission de :

— Fixer les détails d'organisation des concours et en assurer l'exécution ;

— Régler les détails de fonctionnement des concours et en contrôler l'exécution. En particulier faire tirer au sort l'ordre dans lequel les concurrents sont appelés à effectuer leurs tirs et préciser les heures de départ et d'atterrisssage de chaque avion ;

— Veiller à ce que les concurrents effectuent leurs tirs avec l'armement réglementaire ;

— Veiller à l'exécution des consignes de police et de sécurité de l'aérodrome et du champ de tir pendant les épreuves ;

— Relever les impacts et procéder aux notations ;

— Assurer la sincérité et l'esprit sportif des épreuves ;

— Établir les classements des concurrents et la liste des lauréats.

Les décisions du jury sont sans appel.

a. Concours de tir aérien pour les pilotes.

Objectif. — Au sol, silhouette d'avion très visible en vraie grandeur, vu en dessus et d'une vitesse supposée de 180 kilomètres à l'heure. Cible réceptrice en toile réformée d'avion,

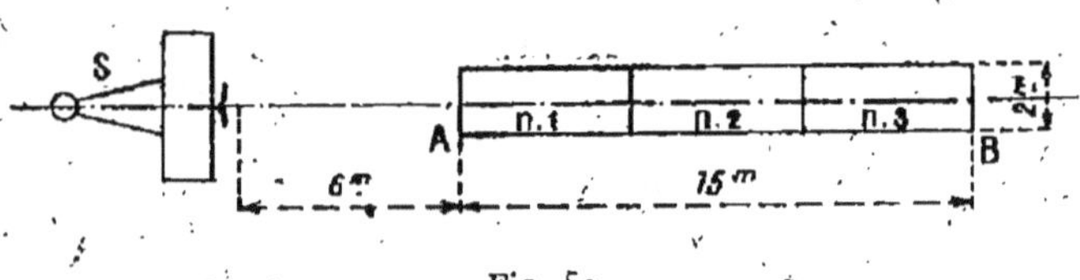

Fig. 59.

camouflée selon la couleur du sol (ou filet en corde sur aire de sable) et placée en avant et dans l'axe de la silhouette.

Largeur de la cible : 2 mètres.

Longueur AB de la cible : 15 mètres.

Distance A au nez de la silhouette : 6 mètres.

La cible réceptrice est divisée en trois zones rectangulaires de surfaces égales numérotées $n1$, $n2$, $n3$ de A vers B.

Munitions allouées. — Cent cartouches à balles ordinaires par mitrailleuse de capot. L'usage des balles traçantes est interdit tant parce qu'elles fausseraient le système nécessairement conventionnel de l'objectif de vitesse supposée que parce qu'elles risquent d'incendier la cible réceptrice.

Exécution des tirs. — Chaque avion concurrent, muni d'un barographe préalablement ramené au zéro, prendra le départ à l'heure prescrite et gagnera immédiatement l'altitude fixée par le jury, altitude qu'il ne devra pas dépasser au cours de l'épreuve. Ayant reconnu l'objectif, il exécutera deux passages figurant deux attaques successives en poursuite par en dessus. Le tir cessera lorsque l'avion tireur en descente aura atteint l'altitude de 100 mètres au dessus de l'objectif. Toutefois il sera admis une tolérance de 25 mètres en plus ou en moins constatée au barographe. Après la deuxième attaque, l'avion regagnera l'altitude initiale et atterrira avant l'heure limite fixée pour l'atterrissage.

L'ensemble du tir, chronométré entre la première rafale de la première attaque et la dernière rafale de la deuxième attaque sera d'une durée inférieure à trois minutes pour les pilotes en monoplace et à cinq minutes pour les pilotes en biplaces.

Tout tireur qui ne se conformerait pas aux conditions d'altitude et de temps imposées ou qui effectuerait son tir au cours de plus de deux attaques, ne serait pas classé.

Les enrayages et autres incidents de tir, les pannes d'avion, ne sauraient modifier les dispositions qui précèdent. Il appartient à chaque concurrent de se présenter avec un matériel parfaitement au point.

Vent. — La vitesse du vent entre 400 mètres et le sol sera mesurée avant le début des épreuves et en cours d'épreuves si le jury le juge utile. Le résultat des sondages sera communiqué en temps voulu aux concurrents. La direction du vent sera indiquée pendant toute la durée des épreuves par un feu fumigène allumé à proximité de l'objectif.

Notation des tirs. — Le classement sera effectué d'après la notation suivante :

$$N = n_1 + 5\,n_2 + 2\,n_3.$$

afin de tenir compte de la valeur totale [du tir (N), d'accorder un meilleur classement au tireur ayant placé toutes ses balles dans la zone n_2 (zone de correction-but exacte) et de tenir compte de ce qu'une correction-but un peu longue (zone n_3) est préférable à une correction-but trop courte (zone n_1).

Les tireurs sont classés dans l'ordre du nombre de points obtenus en commençant par le plus grand nombre. En cas d'*ex-æquo*, la priorité est donnée au tireur qui a effectué son tir dans le minimum de temps.

b. Concours de tir aérien
pour les observateurs et les mitrailleurs.

Objectif. — Au sol, silhouette d'avion très visible en vraie grandeur, vu par en-dessus et d'une vitesse supposée de 216 kilomètres-heure.

Même cible réceptrice que pour les tirs des pilotes, placée en avant et dans l'axe de la silhouette.

Distance du point A au nez de la silhouette : 23 mètres.

Munitions allouées. — Deux rouleaux de quatre-vingt-dix-sept cartouches par mitrailleuse.

L'usage des balles traçantes est interdit pour les raisons exposées précédemment.

Exécution des tirs. — Chaque avion concurrent, muni d'un barographe préalablement ramené au zéro, prendra le départ à l'heure prescrite et gagnera immédiatement l'altitude de 200 mètres qu'il devra conserver pendant toute la durée de l'épreuve, avec une tolérance de 25 mètres en plus ou en moins constatée au barographe. Ayant reconnu l'objectif, il

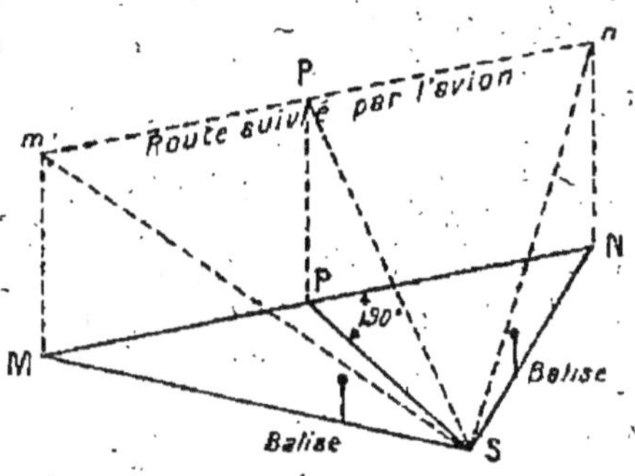

Fig. 60.

exécutera deux passes de tir, la première à main droite, la deuxième à main gauche, en restant sensiblement dans un plan vertical dont l'intersection avec le sol sera marquée à la chaux par trois repères très apparents M, P, N; les longueurs MP, et PN, étant chacune de 284 mètres et la distance de MN à la silhouette S étant de 200 mètres.

Le tir ne sera autorisé, tant à main droite qu'à main gauche, qu'entre les points *m* et *n* de la route suivie par l'avion et situé à la verticale de M et de N.

Afin de permettre au mitrailleur de se rendre compte de la zone dans laquelle le tir est autorisé, sans perdre de vue l'objectif, deux balises seront placées respectivement sur les alignements SM et SN. Ces balises seront très apparentes et constituées, par exemple, par un poteau surmonté de deux planches en croix ou d'un tonneau défoncé.

Des observateurs, membres du jury, convenablement placés, s'assureront que la totalité du tir est effectuée à l'intérieur du dièdre formé par les plans SMm et SNn et que l'avion-tireur reste sensiblement dans le plan MN nm sans se rapprocher de l'objectif.

L'ensemble du tir chronométré entre la première rafale du premier passage et la dernière rafale du deuxième passage devra être d'une durée inférieure à trois minutes.

L'avion ayant terminé son tir, atterrira dans les délais fixés par le jury.

Tout tireur qui ne se conformerait pas aux prescriptions imposées ne serait pas classé, sans pouvoir arguer d'un mauvais fonctionnement du matériel ou de l'armement, ou d'une erreur de route de son pilote.

Vent. — Mêmes dispositions que pour les pilotes, le sondage étant fait jusqu'à 200 mètres d'altitude seulement.

Notation des tirs. — Le classement sera fait d'après la même notation que pour les pilotes.

III. Concours inter-régimentaires.

Outre les concours régimentaires, des concours inter-régimentaires régionaux ou nationaux peuvent être organisés. Ils sont prescrits par le Ministre de la Guerre d'après un règlement particulier et sont dotés de prix spéciaux.

IV. Récompenses.

A. *Récompenses de classements.* — Les récompenses de classements consistent en insignes de bronze et en insignes en argent, décrits au *Bulletin officiel*, édition méthodique, volume 105[1]. Les insignes en bronze sont décernés aux tireurs de 1re classe; ceux en argent, aux tireurs d'élite.

Ces insignes de récompenses sont placés à demeure sur le côté droit de la poitrine. Ils sont accordés pour l'intervalle de temps qui sépare deux classements consécutifs.

Pendant leur présence sous les drapeaux, les hommes de complément sont pourvus des insignes de récompense qu'ils détenaient au moment de leur libération.

B. *Récompenses de concours.* — Les récompenses accordées tous les ans à la suite des concours sont :

— Pour les officiers, des médailles en vermeil, en argent et en bronze. Leur nombre est fixé par une circulaire ministérielle annuelle.

— Pour les sous-officiers, caporaux et hommes de troupe, des insignes en bronze doré, avec chaînette dorée, et des insignes en bronze vieil argenté, avec chaînette argentée, portés sur le côté droit de la poitrine.

Il est accordé un nombre d'insignes calculé à raison de : 1 par deux escadrilles, sauf pour le bombardement de nuit gros porteurs où il sera prévu deux insignes par trois escadrilles (1).

Pour chaque formation, un insigne sur l'ensemble (et lorsque le nombre total des insignes est supérieur à quatre, *deux*) est en bronze doré avec chaînette dorée.

L'insigne de concours est la propriété définitive du tireur.

---

(1) Pour les groupes d'ouvriers d'aéronautique, il est accordé :
Deux insignes au 2e groupe;
Deux insignes au 3e groupe;
Six insignes au 4e groupe;
Deux insignes au 5e groupe.
La règle concernant le nombre d'insignes en bronze doré leur est applicable.

ANNEXE VIII.

1. Table de tir. — Table de tir des munitions de combat 7,71 pour mitrailleuses Lewis et Vickers (S. T. Aé., 15 mars 1918).

Cette table est celle des cartouches à balles A. P. X. 4. tirées dans la mitrailleuse Lewis.

Vitesse initiale exacte : 794 mètres-secondes.
Vitesse restante à 25 mètres : 776 mètres-secondes.

PORTÉES.	50	100	200	300	400	500	600	700	800	900	1,000
Au sol. { Durée de trajet.	0,065	0,13	0,28	0,44	0,63	0,85	1,07	1,33	1,62	1,95	2,32
Au sol. { Vitesse moyenne.	776	769	714	681	634	588	560	526	493	464	431
à 3.000 mètres. { Durée de trajet.	0,065	0,13	0,27	0,42	0,58	0,75	0,94	1,15	1,38	1,63	1,90
à 3.000 mètres. { Vitesse moyenne.	776	769	712	714	690	660	630	606	580	552	525
Hausse théorique. Millièmes.......	0,41	0,83	1,74	2,79	4,06	5,60	7,48	9,751	12,50	15,77	19,63
Ordonnée pour la hausse 400......	0,18	0,32	0,46	0,38	0,00	0,77	1,93	ʺ	ʺ	ʺ	ʺ

2. Tableau donnant la valeur de la dispersion, en millièmes, pour chacune des deux armes, moteur tournant et moteur arrêté, pour des rafales de longueurs variables.

DÉSIGNATION.		Tirs coup par coup..		Rafales de 3 à 4 coups.		Rafales de 10 à 12 coups.		Rafales de 12 à 25 coups.	
		Direction horizontale.	Direction verticale.	Direction horizontale.	Direction verticale.	Direction horizontale.	Direction verticale.	Direction horizontale.	Direction verticale.
Moteur arrêté. { Lewis......		6	8	10	12	11	15	11	16
Moteur arrêté. { Vickers......		2	2	4	4	7	6	6	5
Moteur tournant. { Lewis.......		6	9	11	17	12	19	11	23
Moteur tournant. { Vickers.......		4	4	4	4	6	6	8	8

ANNEXE IX.

LISTE

DES DOCUMENTS ET NOTICES RÉGLEMENTAIRES

RELATIFS

A L'INSTRUCTION DU TIR AÉRIEN.

Se reporter au Catalogue des Documents techniques utilisés dans l'aéronautique. — Édition du 1ᵉʳ août 1925. (Approuvé par dépêche ministérielle n° 6811-2-12 du 23 juin 1925.)

DOTATION EN DOCUMENTS

ET NOTICES.

Se reporter au Catalogue des Documents techniques utilisés dans l'aéronautique. — Édition du 1ᵉʳ avril 1925.

Nota. — Les notices descriptives faisant partie du catalogue d'armement, format 24×31, doivent être placées dans le classeur qui leur est réservée.

Répartition et renouvellement.

a. **Notices techniques.** — La répartition des documents ci-dessus et leur renouvellement sont assurés par les soins de l'Inspection du matériel technique et des installations techniques de l'aéronautique militaire au même titre que ceux des notices techniques relatives au matériel en service dans l'aéronautique (avions, moteurs, etc.).

b. **Documents d'ordre général.** — Se conformer aux prescriptions de la circulaire 1937-4/12 du 28 mars 1924, *Bulletin officiel*, page 1018.

ANNEXE X.

ALLOCATIONS EN MUNITIONS.

———

Les allocations en munitions sont fixées chaque année par une décision ministérielle.

ANNEXE XI.

TIRS DES PILOTES
ET MITRAILLEURS DE COMPLÉMENT.

Aux époques des appels et durant les périodes d'instruction volontaires, les pilotes et mitrailleurs de complément doivent être considérés comme des militaires déjà formés dont l'instruction du tir aérien n'a besoin que d'être remise au point.

Ils exécutent un tir de fonctionnement avec la mitrailleuse qui leur est propre (Vickers pour les pilotes, Lewis pour les mitrailleurs). Ils sont ensuite réentraînés, par des exercices sur avions-maquettes avec emploi de maquettes de mitrailleuses, à évaluer avec rapidité et une exactitude suffisante les divers facteurs de la visée (distance, vitesse et situation de l'objectif) et à utiliser convenablement leur appareil de visée.

Ils effectuent, en outre, deux exercices de visée en vol combinés avec l'exécution de tirs à blanc.

Ils exécutent enfin, sur avion-cible au sol, un tir de groupement et deux tirs avec correction-but. Ces tirs sont, soit réels pour les formations disposant de champ de tir aérien de garnison, soit photographiques combinés avec des tirs à blanc dans le cas contraire.

Ils prennent part aux tirs de combat, selon un programme spécial établi par le chef de corps, quand leur période d'appel coïncide avec la période d'occupation des grands champs de tir aérien par la formation à laquelle ils appartiennent.